VEGAN GENIAL IN 15 MINUTEN

JOSITA HARTANTO

INHALT

VORWORT

Aller guten Dinge sind drei...

Seit „Vegan genial“ und „Vegan schnell schnell“, meinen ersten beiden Buchprojekten, in die ich sehr viel Zeit und Herzblut gesteckt habe, ist inzwischen einige Zeit vergangen. Es ist aber nicht so, dass ich vergessen habe, was für ein schönes Gefühl es war, die Bücher das erste Mal in meinen Händen zu halten.

Ich gebe ehrlich zu, dass ich an meinem dritten Buch nun schon eine halbe Ewigkeit sitze. Begonnen habe ich damit vor inzwischen über zwei Jahren. Teilweise habe ich, zwischen Vorbereitung und Service im Restaurant, stundenlang eine Ecke blockiert und zum Leidwesen all meiner Mitköche dann doch die ganze Küche in Anspruch genommen. Nicht zu sprechen vom Fotografen und den großen Fotolampen, die ja auch irgendwo stehen mussten. Und das nur, um mal wieder ein paar schöne Gerichte für euch zu Papier zu bringen. Mal eine Auszeit zu nehmen, um mich woanders mal ganz und gar darauf zu fokussieren, war auch nicht immer so einfach. Dafür nimmt mein störrisches Baby, das Lucky Leek, mich doch ganz schön in Anspruch. Doch genug der Ausreden. Nun habe ich es ja endlich geschafft! Ich präsentiere euch, mit etwas Stolz, mein neues Werk, das euch helfen soll, auch euer Zeitmanagement in den Griff zu bekommen. Denn alle Rezepte sollten mit etwas Basis-Koch-Know-How und Fingerfertigkeit in 15 Minuten gemeistert sein.

Viel Spaß beim Kochen! Eure Josita

VORWORT VON UDO TAUBITZ

Josita Hartanto ist die Cinderella der Gemüseküche. Still und nobel kocht sie sich immer weiter nach oben in den Gourmet-Himmel. „Jojo" ist eine, die sich am liebsten hinter ihren Töpfen versteckt und Ideen auf Butterbrotpapier kritzelt. Das Rampenlicht scheut sie. Schlecht fürs Kochshow-süchtige Fernsehvolk, aber gut für alle, die heiß sind auf neue, raffinierte Rezepte.

Als ich Josita Hartanto zum ersten Mal traf, vor acht Jahren für SPIEGEL Online, sprang sie im Berliner ***La Mano Verde*** um den Herd herum, knetete Seitan, hackte Zuckerschoten, rührte Karamellsoße. Wenig deutete darauf hin, dass in der engen Küche eine Revolution brodelte. Damals runzelten die meisten Menschen schon beim Wort „vegan" die Stirn. Blasse Hippies kauen auf Sojagummiwürstchen und Grünkernbratlingen herum – so das olle Image der Pflanzenkost. Als Jojo die Küche im ***La Mano Verde*** enterte, war ihre erste Amtshandlung: alles Fake-Food runter von der Karte. Weg mit dem veganen Gyrosteller, tschüss Tofuschnitzel! „Ich will eine eigenständige Küche entwickeln", sagte sie mir damals, gleichzeitig schüchtern wie wild entschlossen. „Eine Küche auf rein pflanzlicher Basis, aber trotzdem kreativ und innovativ." Wenig später wurde der Grünkosttempel vom Feinschmecker ausgezeichnet – eine kleine Sensation. Jojos ***Wildkräuterstrudel auf rotem Linsensalat und Trüffelschaum*** hatte bewiesen, dass man keine Tiere zerlegen oder auspressen muss, um Gourmets zu verzücken.

Heute ist Vegan hip. Und Josita Hartanto schwingt im ***Lucky Leek*** im Szeneviertel Prenzlauer Berg den grünen Kochlöffel. Im eigenen Restaurant mit himmelhohen Decken – und überraschend niedrigen Preisen – lebt sie ihren Traum von der eigenständigen Gemüseküche. Und überzeugt mit ihren mitunter äußerst künstlerisch anmutenden Kreationen auch Skeptiker davon, dass Tempehspieße besser schmecken können als Fleischspieße, dass Rote-Bete-Schnitzel mit Orangensenf ein Gedicht sind, und dass man die blaubeerigsten Blaubeerkeulchen aller Blaubeerkeulchenzeiten ganz ohne Butter und Eier backen kann. Vor kurzem zeichnete der ***Guide Michelin*** Josita Hartanto mit dem ***Bib Gourmand Award*** aus. Zum ersten Mal in der Geschichte des begehrten Preises ging er an eine vegane Köchin.

Aber wozu dieses Buch? Veggie-Rezepte gibt es doch im Internet ohne Ende. Wer das 08/15-Chili sin Carne sucht: bitte sehr. Beim Nachkochen hakt es dann aber oft. Oder der Gaumen schläft ein vor Langeweile. Anders Jositas Rezepte: die sind nicht bei Instagram zusammengeklaut, sondern komplett selbst erschaffen; sie überraschen – und sind im Restaurant-Alltag erprobt. In ihrem dritten Kochbuch teilt Jojo mit uns ihre „Fast Food"-Kreationen: für keines dieser bodenständig-verspielten Gerichte steht Mann oder Frau länger als 15 Minuten in der Küche. (Vorausgesetzt, er/sie kann halbwegs flüssig lesen und Zwiebeln hacken. ;-)) Man braucht keine Spezialprodukte; auch Soja ist nirgendwo drin. Einfache Zutaten, schnell aber aufregend zubereitet ... Vegan-Genuss für fröhlich Faule – darum geht es hier.

Ich mach jetzt Schluss. Will kochen. Umblättern!

Hamburg, Juli 2017

Udo Taubitz schrieb als Journalist für Stern, SPIEGEL Online, Financial Times Deutschland und viele andere. Heute ist er Kinderbuchautor und Schreibtrainer – und bekocht täglich vier junge Damen.

SCHNELL MAL GEKOCHT...

Bevor es losgeht, sollte man sich sämtliche Zutaten und Gerätschaften, die benötigt werden, zurecht stellen. So umgeht man, wenn man gerade so richtig warmgelaufen ist, irgendetwas suchen zu müssen. Hilfreich finde ich auch immer eine kleine Schüssel als „Mülleimer“ (für Gemüseschalen, Abschnitte usw.) auf dem Arbeitstisch. Diese Reste muss man auch nicht zwangsläufig wegwerfen. Gerade Schalen von z. B. Sellerie und Karotten oder Petersilien- und andere Kräuterstängel sind sehr gute Geschmacksgeber für aromatische Basis-Brühen. „Gurkeninnereien“ kann man noch wunderbar für Smoothies, Salatdressings oder sogar als feuchtigkeitsspendende und klärende Gesichtsmaske benutzen. Eigentlich kann man aus fast allen Gemüseabfällen noch irgendetwas zaubern. Habt ihr zum Beispiel schon mal Kartoffelschalen frittiert? Knusprig gebacken und leicht gesalzen ein leckerer Snack.

Wichtig finde ich auch, dass man alle Zutaten schnell zur Hand hat. Ich habe bewusst auf zu exotische und extravagante Zutaten verzichtet, denn wo wäre die Zeitersparnis, wenn ich mich vor dem Kochen erst tagelang auf die Jagd nach z. B. tibetanischem Mönchspfeffer oder dergleichen begeben müsste. So versuche ich aus teils heimischen und fast immer bekannten Produkten spannende Gerichte zu zaubern.

Abgesehen davon sind viele Gerichte glutenfrei, dies könnt ihr an den Symbolen über den Zutatenlisten auf den Rezeptseiten erkennen. Bewusst (wenn auch schweren Herzens) habe ich, aufgrund der weitverbreiteten Vorurteile gegenüber der vielfältigen Bohne, diesmal auch auf Sojaprodukte wie Tofu und Sojamilch weitgehend verzichtet. Lediglich als Würzmittel verwende ich sie in fermentierter Form als Sojasauce und Miso-Paste.

Unverzichtbar in der schnellen Küche sind, neben etwas handwerklichem Geschick, natürlich auch ein paar fleißige Küchenhelfer, wie z. B. Pürierstab, Küchenmaschine und Co. – Mit ihnen lassen sich Zutaten in Windeseile häckseln, mixen, und pürieren. Manche Küchenmaschinen haben auch Aufsätze zum Raspeln und Reiben, was sehr praktisch sein kann, besonders wenn man mal für ein paar mehr Leute kocht. In diesem Buch sind übrigens alle Rezepte für 2 Personen angegeben. Bei der Herstellung kleinerer Mengen sollte man sich lediglich überlegen, ob der Aufbau und die Reinigung der Maschine nicht doch mehr Zeit in Anspruch nimmt, als es dauern würde die Zutaten mit der Hand auf einer kleinen Reibe zu raspeln. Küchengeräte, die man häufig benutzt (bei mir wäre das z. B. der Pürierstab), sollte man stets griffbereit haben. Bei einigen Rezepten setze ich eine Küchenmaschine voraus. Falls keine zur Hand ist, habe ich aber Alternativen zur Zubereitung beschrieben. Nur die Zeitersparnis geht dann leider verloren.

Apropos verlorene Zeit. Ich leg jetzt mal los.
Viel Spaß beim Lesen und Kochen!

GLOSSAR

Agavensirup oder Agavendicksaft

Agavensirup oder Agavendicksaft ist ein aus der Agave gewonnener Saft, er ist zuckerfrei, äußerst schmackhaft, etwas süßer und flüssiger als Honig.

Backpulver

Hergestellt aus Natriumhydrogencarbonat (Natron) und einem Säuerungsmittel sowie geringen Teilen Stärke, die als Trennmittel dienen. Backpulver lockert insbesondere Rührteige auf. Da in vielen traditionellen Rezepten die gewünschte „Fluffigkeit" durch Zugabe von Ei erreicht wird, darf in entsprechendem veganen Backwerk ruhig etwas mehr Backpulver beigegeben werden. Dafür eignet sich Weinsteinbackpulver, da es auch bei größeren Mengen keinen unangenehmen bitteren Beigeschmack erzeugt.

Couscous

Die Kügelchen aus Hartweizengrieß stammen ursprünglich aus Nordafrika. Couscous wird nicht gekocht, sondern nur mit heißem Wasser oder Brühe übergossen oder gedämpft. Ob als Beilage, Salat oder Bratling ist er wandlungsfähiger Bestandteil zahlreicher Gerichte.

Currypaste

In einigen Rezepten verwende ich asiatische Currypasten. Es gibt verschiedene Sorten mit unterschiedlichen Zutaten. Die gängigste ist wohl die rote Version. Diese besteht aus getrockneter roter Chili, Zitronengras, Knoblauch, Salz, Schalotten, Galgant, Koriandersamen, Korianderwurzel und Kaffir Limettenschalen. Es gibt noch grüne, gelbe und diverse andere Varianten. Es lohnt sich, einige auszuprobieren, bis man die Lieblingssorte gefunden hat. In Verbindung mit Kokosmilch zaubern sie köstliche Saucen oder Suppen. Aber Achtung, einige Hersteller verwenden Garnelenpaste, also immer Inhaltsangaben checken.

Gemüsebrühe

Beim Putzen und Schälen von Gemüse fallen im wahrsten Sinne des Wortes wertvolle Zutaten für eine schnelle, einfache Gemüsebrühe ab. Einfach Zwiebelschalen, Paprika-, Karotten und andere Gemüseabschnitte oder Kräuterstängel gründlich gewaschen in einen großen Topf mit Wasser geben und 15-20 Minuten leise köcheln lassen. Dabei sandige Teile wie Lauch- oder Zwiebelwurzeln nicht mitverwenden. Die Brühe durch ein feines Sieb gießen. Sie kann gut verschlossen mehrere Tage im Kühlschrank aufbewahrt oder eingefroren werden und ist hilfreich bei allen Gerichten, die nach Gemüsebrühe verlangen!

Ingwer

Die wohl bekannteste asiatische Heil- und

Würzpflanze. Beim Einkauf darauf achten, dass die Knollen prall sind, die Schnittstellen nicht holzig sind und die Haut leicht glänzt. Für asiatische Gerichte, Curries und Marinaden, aber auch für Süßspeisen und wohltuende Tees.

Kichererbsenmehl

Mein Lieblings-Ei-Ersatz. Das eiweißreiche Pulver aus gemahlenen Kichererbsen hilft vor allem bei herzhaften Gerichten wie Knödeln und Spätzle, aber auch bei allerlei Teigen, zum Beispiel für Waffeln und Crêpes. Hat in rohem Zustand den leicht bitteren Geschmack von rohen Erbsen, der aber in gegartem Zustand wieder verschwindet. Zu finden im türkischen oder asiatischen Supermarkt oder im Bioladen.

Kräuter

Nichts geht über den Duft von frischen Kräutern. Viele lassen sich auf der Fensterbank oder auf dem Balkon selber ziehen. Wenn es am grünen Daumen oder an der Zeit mangelt, gibt es unterschiedlichste, frische Kräuter je nach Saison auch im Supermarkt. Gefrorene Kräuter wie Schnittlauch oder Petersilie sind praktisch, weil schon gehackt und gut portionierbar. Basilikum allerdings sollte auch lieber frisch verwendet werden, weil die ätherischen Öle, die für das feine Aroma verantwortlich sind, sehr flüchtig sind.

Margarine

Sie lässt sich genau wie Butter verwenden. Im Gegensatz zu Butter ist sie natürlich cholesterinfrei.
Trotzdem versuche ich, nicht zu viel davon zu verwenden. Häufig werden gehärtete Fette und/ oder Palmöl verwendet. Beim Kauf darauf achten, dass keine Molkereiprodukte oder Vitamin D enthalten sind, dieses wird in der Regel aus Wollfett von Schafen oder aus Fischen gewonnen.

Misopaste

Würzige Paste aus fermentierten Sojabohnen und Reis oder Gerste. Sehr lecker für Suppen, Saucen und Marinaden. Erhältlich im Asia- oder Bioladen.

Öle

Wie z.B. Olivenöl und Rapsöl zum Braten und für Dressings. Aromaöle wie Sesamöl, Kürbiskernöl und Nussöle zum Verfeinern und Abrunden von diversen Speisen.

Pflanzenmilch und -sahne

Es gibt mittlerweile vielfältige Sorten von pflanzlichen Milch- und Sahnealternativen, von Reisdrink über Hafer- und Dinkeldrink. Bei herzhaften Gerichten unbedingt darauf achten, dass die Milchalternative keinen Zuckerzusatz enthält. Sogar verschiedene aufschlagbare und Sprühsahnealternativen sind inzwischen erhältlich. Leider sind die meisten mit Zuckerzusatz, sodass sie nur in süßen Speisen Verwendung finden.
→ Auf der Verpackung dürfen pflanzliche Milchalternativen nicht die Endung „-milch" tragen. Bei mir heißt es immer noch Milch.

Polenta

Polenta besteht aus Maisgrieß und wird meist zu einem dicken Brei gekocht. Köstlich mit mediterranen Kräutern und Olivenöl. Die Zubereitung ist einfach, erfordert aber etwas Fingerspitzengefühl. Als Faustregel gilt: Ein Teil Maisgrieß auf vier Teile Wasser oder Flüssigkeit. Polenta muss einige Zeit gekocht werden, dabei darf der dicke Brei natürlich nicht anbrennen. Abgekühlt kann man sie z.B. in Scheiben schneiden und in Olivenöl anbraten.

Salz

Persönlich ziehe ich Meersalz dem „normalen" mit „Rieselhilfen" versehenen Speisesalz vor. Es schmeckt mineralischer und hat eine schönere Griffigkeit. Das ist aber Geschmackssache.

Sambal Oelek

Scharfe indonesische Paste aus roten Chilischoten. Erhältlich im Asia-Laden oder Supermarkt.

Sojasauce

Asiatische Würzsauce; in der Regel aus Sojabohnen, Wasser, Salz und Getreide gebraut. Die hellen Sorten sind sehr salzig. Die dunkle, süße Sojasauce (Ketjap Manis) ist dicker und fast schwarz.

Speisestärke

In der Regel aus Mais- oder Kartoffelstärke, wobei

Maisstärke die gängigste ist. Es gibt sie günstig in jedem Supermarkt. Sie ist leicht zu verarbeiten und sehr vielseitig verwendbar. Unverzichtbar beim Abbinden von Saucen und Suppen, für Teige, Kuchen und Gebäck.

Tahin (Sesampaste)

Aus gemahlenen Sesamen hergestellt. Für orientalische Gerichte und Saucen.

Tiefgekühltes Gemüse und Obst

Teilweise eine Alternative zu frischer Ware, aber leider lässt sich nicht jedes Gemüse
ohne geschmackliche Einbußen einfrieren und wieder regenerieren. Super sind Erbsen, grüne Bohnen oder auch Mais, weil sie viel Arbeit ersparen und lecker sind. Broccoli, Möhren und Blumenkohl lieber frisch kaufen. Gefrorene Beeren sind super für Smoothies, Desserts und Eiscreme.

Vanille

Die Königin der Gewürze wird sie genannt. Das Mark der edlen Schoten verfeinert Süßspeisen und setzt auch so manches Gemüse aufregend in Szene. Sie ist auch in gemahlener Form erhältlich, ist dann etwas weniger aromatisch aber dafür sehr praktisch in der Anwendung. Vanillinzucker hat mit echter Vanille nichts zu tun.

Wantan/Frühlingsrollenteig

Die quadratischen Teigblätter aus Weizenmehl und Wasser gibt es in der Tiefkühltruhe von asiatischen Supermärkten. Super für knusprige Teigtaschen und -röllchen. Wantan-Teig kann frittiert oder gekocht werden. Achtung: manche Hersteller verwenden Eier bei der Herstellung von Wantan-Teig!

Zucker

JA, ich verwende Zucker! Ich mag Zucker. Aber es ist jedem freigestellt, Alternativen zu verwenden. Egal ob Agaven- oder Ahornsirup, Xylit, Stevia, getrocknete rohe Datteln, oder was man halt gerne mag und mit seinem Gewissen vereinbaren kann.

SCHNELLE WÜRZE IM VORAUS
PASTEN & ÖLE

Diese würzigen Pasten und Öle erleichtern den Kochalltag ungemein. Sie können wunderbar auf Vorrat zubereitet werden und immer dann zum Einsatz kommen, wenn schnell etwas Würze vonnöten ist. Bitte im Kühlschrank aufbewahren.

CASHEW-RICOTTA

DIE ZUTATEN:
120g Cashewkerne, über Nacht eingeweicht (oder mindestens 4 Stunden)
50g flüssige Margarine
2 EL Würz-Hefeflocken
1/2 TL Zwiebelpulver
1/4 TL Salz
1 Spritzer hellen Essig

1. Cashewkerne abgießen und mit den restlichen Zutaten und 2 EL Wasser fein pürieren.

2. Eine Stunde kalt stellen.

ZWIEBELPASTE

DIE ZUTATEN:
2 Zwiebeln
ca. 100ml neutrales Pflanzenöl
1 TL Zucker
etwas Salz
1 EL hellen Essig

1. Zwiebeln mit Pflanzenöl, Zucker, Salz und Essig pürieren.

2. In einem kleinen Topf bei sehr kleiner Hitze pastös einköcheln lassen, bis die Zwiebeln richtig weich sind. Zwischendurch umrühren und evtl. etwas Wasser zugeben, damit nichts anbrennt.

Gibt herzhaften Gerichten eine feine Zwiebelnote, spart Zeit und Tränen.

Etwa zwei Wochen haltbar.

KNOBLAUCHÖL

DIE ZUTATEN:
Zehen einer Knolle Knoblauch
etwa 150ml neutrales Pflanzenöl

1. Die Zehen der Knoblauchknolle abziehen und mit dem Öl fein pürieren.

Gut geeignet für z. B. Pfannengerichte (einfach kurz mitbraten), Marinaden, als Aromageber für Saucen und Mayonnaisen (z. B. Zaziki, Aioli), für Crostini, Bruschetta und Co. – und natürlich für Pizza und Pasta.

Haltbarkeit 2-3 Wochen.

MEDITERRANES WÜRZÖL

DIE ZUTATEN:
2 Knoblauchzehen
2 Zweige Rosmarin
6 Zweige Thymian
2 Zweige Oregano
2 getrocknete Tomaten aus dem Glas
100ml mildes Olivenöl

1. Kräuter von den Stielen zupfen und mit den restlichen Zutaten sehr fein pürieren.

Für Tomatensaucen, Ratatouille, Dips, Marinaden, Ofenbaguette und allerlei mediterrane Gerichte.

Etwa 2-3 Wochen haltbar.

ASIATISCHE WÜRZPASTE

DIE ZUTATEN:
4 Schalotten
2 Knoblauchzehen
4 Stangen Zitronengras
4 cm Galgant- oder Ingwerwurzel

4 Limettenblätter
1 TL Palmzucker
80ml Öl
40 ml Wasser

1. Schalotten, Knoblauch, Zitronengras und Ingwerwurzel grob kleinschneiden.

2. Mit Limettenblättern, Palmzucker, Öl und Wasser im Schnellzerkleinerer oder im Blender zu einer feinen Paste mixen.

3. In einem kleinen Topf bei sehr geringer Hitze unter gelegentlichem Rühren etwa 20 Minuten einköcheln lassen. Evtl. noch etwas Wasser dazugeben.

Für Wok-Gerichte und Suppen, als Marinade für Tofu und Co., aber auch für exotische Salatdressings.

Etwa zwei Wochen haltbar.

SAMBAL SCHARFE INDONESISCHE WÜRZPASTE

DIE ZUTATEN:
6 Schalotten
2 Stangen Zitronengras
2 Knoblauchzehen
2 cm Ingwer

2 TL Palmzucker
4 rote Chilischoten
2 EL Sojasauce
½ TL Algenflocken
8 Macadamianüsse
ca. 80ml Öl

In Indonesien gibt es etliche Sambal-Rezepte, hier ist meins:

1. In der Zubereitung identisch mit der asiatischen Würzpaste.

Für gebratenen Reis, Nudeln und sämtliche Gerichte, die eine feurige asiatische Würze vertragen.

Haltbarkeit etwa 4 Wochen.

HÜFTSPECK, OLÉ! - MAYONNAISE

DIE ZUTATEN:
80ml Wasser aus einer Dose Kichererbsen oder weißer Bohnen
1 EL Senf
1 EL hellen Essig
½ TL Salz
¼ TL Johannisbrot-kernmehl
200ml neutrales Öl (Raps oder Sonnenblume)

Hier noch ein Basis-Sößchen, das häufiger im Buch auftaucht: die gute alte Mayonnaise. Kann man kaufen, muss man aber nicht. So einfach geht's:

1. Alle Zutaten, bis auf das Öl, in einen Mixbecher oder in die Küchenmaschine geben.

2. Mit dem Pürierstab bzw. bei laufender Maschine (in höchster Stufe) das Öl einarbeiten. Zuerst tropfenweise, dann in einem dünnen Strahl.

Weitere Variationen mit Mayo auf den nächsten Seiten.

SAUCE REMOULADE

DIE ZUTATEN:
1 Grundrezept Mayonnaise

dazu:
2 Schalotten
2 Gewürzgurken (aus dem Glas)
1 EL Kapern
1 kleines Bund Petersilie
abgeriebene Schale einer halben Zitrone
frischer Pfeffer aus der Mühle

1. Schalotten fein würfeln (und evtl. kurz blanchieren).

2. Gurken, Kapern und Petersilie hacken.

3. Zusammen mit der Zitronenschale unter die Mayonnaise rühren. Evtl. mit etwas Gurkenwasser aus dem Glas glattrühren. Mit Pfeffer abschmecken.

TOMATEN-SCHNITTLAUCH-MAYO

DIE ZUTATEN:
1 Grundrezept Mayonnaise

dazu:
2 Tomaten
1 kleines Bund Schnittlauch
1 EL Ketchup
1 TL helle Sojasauce

1. Tomaten vierteln, dabei Strunk und Kerne entfernen. Anschließend würfeln.

2. Schnittlauch in feine Ringe schneiden.

3. Mit den restlichen Zutaten unter die Mayonnaise rühren.

ORANGEN-SAFRAN-MAYO

DIE ZUTATEN:
1/2 Grundrezept
Mayonnaise

dazu:

100ml Orangensaft
1 Kästchen Safranfäden
1 TL abgeriebene Schale
einer Bio-Orange

1. Den Saft in einem kleinen Topf auf etwa ein Viertel einkochen lassen, Safran und Orangenschale dazugeben.

2. Die Orangen-Safran-Reduktion abkühlen lassen und unter die Mayonnaise heben.

WEITERE MAYO-VARIANTEN

Wasabi-Mayo – einfach etwas Wasabi-Paste unter die Mayonnaise rühren.

Miso-Mayo – etwas helle Miso-Paste zur Mayonnaise geben und gut verrühren.

Chili-Mayo – frische Chili, gehackte Jalapeños oder etwas Sriracha-Chilisauce dazugeben.

Knoblauch-Mayo – Mayonnaise mit etwas frisch geschnittenem Knoblauch oder Knoblauchöl vermengen.

Meerrettich-Mayo – Mayonnaise mit frisch geriebenem Meerrettich oder Meerrettich-Paste aus dem Glas mixen.

Cocktailsauce – Ketchup, etwas Weinbrand, Worcester-Sauce und Orangensaft mit der Mayonnaise verrühren.

VORSPEISEN

APFELSALAT MIT SPANISCHER BRATPAPRIKA

DER SALAT:
2 kleine Äpfel
2 Stück feiner Frühlingslauch (je ca. 8cm Länge)
etwas Olivenöl zum Braten
½ TL Rohrzucker
2 EL Himbeeressig
2 EL Haselnussöl
1 Prise Salz

DIE PIMIENTOS:
200g Pimientos de Padrón (spanische Bratpaprika)
3 EL Olivenöl
Meersalz (idealerweise grobes Meersalz oder Flocken)
1 Scheibe Vollkornbrot (optional glutenfrei)

DAS FINISH:
ein paar Salatblätter

1. Die Äpfel mit 4 Schnitten vom Kerngehäuse schneiden und die entstandenen Stücke in Spalten schneiden.

2. Zusammen mit dem Frühlingslauch in Olivenöl anbraten, Zucker zugeben und kurz karamellisieren lassen.

4. Essig, Haselnussöl und Salz dazugeben und kurz durchschwenken. Aus der Pfanne nehmen und beiseite stellen.

1. Öl in der Pfanne erhitzen und die Bratpaprika unter häufigem Wenden darin etwa 2-3 Minuten anbraten, bis sie beginnen zu „pfeifen" und Farbe bekommen. Sie dürfen ruhig an einigen Stellen etwas dunkler sein, das macht sie besonders aromatisch.

2. Vom Feuer nehmen, mit Meersalz bestreuen und zu den Äpfeln geben.

3. Die Pfanne mit dem Brot „auswischen", um das aromatisierte Öl aufzunehmen.

Finish: Äpfel und Paprika mit einigen Salatblättern und zerbröseltem Vollkornbrot servieren.

TIPP: Die Bratpaprika (spanisch: Pimientos de Padrón) kann man mit den Fingern einfach vom Stiel ab essen.

CHILI-BRUSCHETTA

Super lecker und schnell gemacht, schmeckt diese Variante zu jedem Anlass.

DIE ZUTATEN:
1 große Fleischtomate
½ kleine Zwiebel
5 cm Frühlingslauch
1 Peperoni oder 1 milde Chilischote

2 EL rote Bohnen
2 EL Mais (Dose oder TK)
2 EL Olivenöl
½ TL Knoblauchöl
1 Prise Cumin
¼ TL Paprika
1 Prise Zimt
1 EL Weißwein- oder hellen Balsamicoessig
1 Prise Kakaopulver
1 Prise Zucker
10 Blatt Oregano oder Basilikum
Salz, frischer Pfeffer aus der Mühle

DAS BROT:
2 große Scheiben Bauernbrot oder 6 Scheiben Ciabatta
2 EL Knoblauchöl

1. Tomate in Würfel schneiden, Zwiebel ebenfalls fein würfeln.

2. Frühlingslauch in Ringe schneiden.

3. Peperoni fein hacken. Mit den restlichen Zutaten mischen und mit Salz und Pfeffer kräftig abschmecken.

1. Brot mit Knoblauchöl bestreichen und in einer heißen Pfanne bei mittlerer Hitze von beiden Seiten knusprig braun braten.

2. Die Bruschetta-Masse auf den knusprigen Broten verteilen und sofort servieren.

TIPP: Lecker auch als Dip zu Nachos und Co., oder mit etwas Blattsalat im Tortilla-Wrap.

AVOCADO-GURKENSÜPPCHEN

DAS SÜPPCHEN:
1 kleine Avocado
250ml Wasser
½ Gurke, geschält
2 EL Zitronensaft
½ TL Salz
1 kleine Knoblauchzehe
frischer Pfeffer aus der Mühle

DAS FINISH:
½ Gurke
1 EL gutes Olivenöl

1. Die Avocado längs halbieren und entlang der Schnittfläche aufdrehen. Ein großes Messer vorsichtig in den Kern schlagen und diesen mit einer leichten Drehbewegung entfernen.

2. Mit einem Löffel das Fruchtfleisch auslösen und zusammen mit den restlichen Zutaten in einem hohen Gefäß fein pürieren. Mit reichlich frischem Pfeffer aus der Mühle abschmecken.

Finish: 1. Gurke längs halbieren und mit einem Sparschäler lange Streifen herunterschälen. Wer hat, kann auch mit einem Gemüse-Spiralschneider Spaghetti aus der Gurke drehen oder die Gurke einfach mit einem großen scharfen Messer in sehr feine Streifen schneiden.

2. Die fertige Suppe mit den Gurkenstreifen und etwas Olivenöl anrichten und gut gekühlt servieren.

FELDSALAT MIT KARTOFFELDRESSING

DAS DRESSING:
1 große oder 2 kleine gekochte Kartoffeln (etwa 100g)
200g Gemüsebrühe
50ml mildes Olivenöl
3 EL Weißwein- oder heller Balsamicoessig
1 TL Senf
1 Prise Zucker
frischer Pfeffer aus der Mühle
½ – 1 TL Salz

DIE CROUTONS:
1 dicke Scheibe Bauernbrot
2 EL Öl
1 Prise Salz

DAS FINISH:
ca. 100g Feldsalat, gewaschen und geputzt

1. Für das Dressing alle Zutaten in einen Mixbecher geben und mit dem Pürierstab zu einem feinsämigen Dressing mixen.

2. Mit Salz und Pfeffer kräftig abschmecken.

3. Für die Croutons das Brot in Würfel schneiden oder klein rupfen, mit Öl und Salz mischen und in einer heißen Pfanne unter ständigem Wenden knusprig rösten.

Finish: Feldsalat mit dem Dressing mischen, Croutons darüber streuen und sofort servieren.

KÜRBIS-TABOULÉ

DER KÜRBIS:

150g Butternusskürbis
2 Bund Petersilie
2 Datteln, ohne Stein
2 EL Sesam geröstet
¼ TL Salz
4 EL Zitronensaft
2 EL Walnussöl

Pfeffer aus der Mühle

DAS FINISH:

8 Blätter Kapuzinerkresse
2 EL Granatapfelkerne

1. Die Schale vom Kürbis schneiden und evtl. Kerne entfernen. In sehr grobe Stücke schneiden.

2. Die Blätter von der Petersilie streifen. Beides zusammen mit den Datteln in der Küchenmaschine klein häckseln, aber nicht pürieren. Die Stückchen sollten etwa reiskorngroß und noch trocken sein. Am besten die Maschine immer nur für ein paar Sekunden anschalten und das Ergebnis überprüfen.

3. In einer Schüssel mit den restlichen Zutaten mischen und gut abschmecken.

Finish: Das Taboulé auf die Kapuzinerkresseblätter geben, Granatapfelkerne darüber streuen, leicht einrollen und direkt aus der Hand essen.

TIPP: Wenn ihr keine Kapuzinerkresse finden könnt, lässt sich die rohköstliche Variante des arabischen Klassikers natürlich auch mit der Gabel essen.

GEGRILLTER GRÜNER SPARGEL MIT KIWI-SALSA

DER SPARGEL:
500g frischer grüner Spargel
4 EL Olivenöl
Salz
Pfeffer
1 Prise Zucker

DIE KIWI-SALSA:
2 Kiwis
2 Tomaten

2 EL Agavensirup
2 EL Limettensaft
1 Prise Salz

1. Den grünen Spargel mit Öl einreiben und mit Salz, Pfeffer und Zucker würzen.

2. Auf dem heißen Grill 5-8 Minuten grillen.

1. Kiwi schälen.

2. Tomaten und Kiwis fein würfeln und mit den restlichen Zutaten vermischen.

3. Auf dem gegrillten Spargel verteilen und sofort servieren.

TIPP: Wer mag, gibt noch etwas frische Chili an die Kiwi-Salsa.
Dazu passen Folienkartoffeln vom Grill, aber auch Baguette und Salat.

BROTKRUSTERL

DIE KRUSTERL:

4 kleine, runde Sauerteig-Brötchen (z. B. Schusterjungs)

DIE FÜLLUNG:

2 kleine Tomaten
2 EL Petersilie
3 EL Hafersahne
2 EL Olivenöl
Salz
Pfeffer

1. Den Ofen auf 200°C vorheizen.

2. Die Brötchen längs halbieren, aushöhlen und die Krumen klein zupfen.

1. Tomaten in kleine Würfel, Petersilie in feine Streifen schneiden.

2. Zusammen mit Sahne und Öl sowie den kleingezupften Krumen vermischen, mit Salz und Pfeffer würzen.

3. Die Masse in die ausgehöhlten Brötchenhälften füllen und auf einem Blech im Ofen 10 Minuten backen.

TIPP: In Alufolie eingewickelt, kann man die Krusterl auch wunderbar auf dem Campingplatz oder beim Grillen auf dem heißen Rost zubereiten.

CHAMPIGNONSÜPPCHEN MIT AVOCADO & CROUTONS

Ein leichtes, cremiges Süppchen mit meiner Lieblingsfrucht.

LOW CARB

DIE SUPPE:

3 Schalotten oder 1 kleine weiße Zwiebel
1-2 Knoblauchzehen
1 EL Margarine oder 2 EL Olivenöl
1 EL Mehl
200g Champignons
50ml Weißwein
600ml Gemüsebrühe

DIE AVOCADO:

1 schöne reife Hass-Avocado
Salz
Pfeffer
1 Spritzer Zitrone

DAS TOPPING:

1 Scheibe Vollkorntoast- oder Sauerteigbrot (für Low-Carb einfach Eiweißbrot verwenden)
1 EL Margarine
1 Knoblauchzehe

1 kleine Tomate
ein paar Blätter Petersilie

1. Für die Suppe Schalotten oder Zwiebel und Knoblauch kleinschneiden und im heißen Fett farblos anbraten.

2. Pilze und Mehl dazugeben und kurz mitanschwitzen.

3. Mit Weißwein ablöschen und mit Brühe aufgießen. Alles 5-7 Minuten kochen lassen.

1. Die Avocado mit einem großen Messer längs rundum einschneiden, entlang des Schnittes aufdrehen, das Messer in den Kern schlagen und diesen mit einer Drehbewegung entfernen. Das Fruchtfleisch in der Schale kreuzförmig einschneiden.

2. Die so entstandenen Würfel mit einem Löffel aus der Schale heben, in die heiße Suppe geben und alles fein pürieren. Nicht mehr kochen lassen!

3. Mit Salz, frischem Pfeffer und Zitrone lecker abschmecken.

1. Für das Topping während die Suppe köchelt, das Brot von beiden Seiten dünn mit Margarine bestreichen und im Toaster knusprig toasten.

2. Mit der Knoblauchzehe einreiben und in Würfel schneiden.

3. Tomate würfeln und mit der klein gezupften Petersilie über die Suppe geben. Mit Croutons bestreuen und sofort servieren.

GEBACKENE ZWIEBEL MIT BREZEL-KRUSTE UND APFELSENF

DIE PANADE:
150g Salzbrezeln
2 EL Mehl
1 TL Salz
1 TL Paprikapulver
100ml Wasser
3 EL Mehl
½ TL Salz

DIE ZWIEBEL:
1 große Zwiebel
etwas Öl zum Braten

DIE SAUCE:
2 EL mittelscharfer Senf
1 EL Apfelmarmelade (alternativ Aprikosen- oder Marillenmarmelade)
1 Prise Paprikapulver

ausreichend Öl zum Braten

1. Die Brezeln in der leicht geöffneten Tüte mit einem kleinen Stieltopf (oder einem Hammer) vorsichtig klein klopfen, alternativ ein paar Mal mit dem Nudelholz über die Tüte rollen. Die Brezelbrösel in eine Schüssel mit hohem Rand geben.

2. In einer weiteren Schüssel Mehl mit Salz und Paprikapulver mischen.

3. In einer dritten Schüssel Wasser mit Mehl und Salz verrühren.

1. Die Zwiebel mit Schale in etwa ½ cm dicke Scheiben schneiden, danach die Schale einfach abzupfen. Aufpassen, dass sich die Ringe nicht voneinander lösen. (Zur Not gibt es Zwiebelringe, die brauchen nur etwas länger zum Panieren.)

2. Anschließend die Scheiben zuerst in der Mehlmischung wenden, dann durch die flüssige Panade ziehen.

3. Zum Schluss in die zerkleinerten Brezeln tauchen und die Brösel gut andrücken.

4. Die panierten Zwiebelscheiben in einer großen Pfanne mit ausreichend Öl von jeder Seite etwa 3-4 Minuten goldbraun braten und auf einem Küchentuch abtropfen lassen.

1. Während die Zwiebeln braten, alles verrühren und zu den knusprigen Zwiebeln reichen.

GURKENSALAT MIT MINZE, ERDNÜSSEN & MISPELN

DAS DRESSING:
Saft und abgeriebene Schale einer ½ Bio-Zitrone
1/2 TL rote Peperoni in Ringen
1 EL Sojasauce
¼ TL Zucker
2 EL Erdnussöl

DER SALAT:
1 kleine Gurke
2 Zweige Minze
2-3 Mispeln (oder Aprikosen)
2 EL Erdnüsse, geröstet und gesalzen

1. Alle Zutaten gründlich in einer Schüssel verrühren, oder in ein kleines Schraubglas geben und kräftig durchschütteln.

1. Die Gurke mit Schale in feine Scheiben schneiden oder hobeln und auf zwei Tellern verteilen.

2. Die Blätter von den Minzzweigen abzupfen und in feine Streifen schneiden.

3. Die Mispeln längs halbieren, den Kern heraus nehmen und in Streifen schneiden.

4. Minze, Mispeln und Erdnüsse auf den Gurkenscheiben verteilen und das Dressing darüber geben.

LÁNGOS-SNACKS

Eine schöne, von der ungarischen Spezialität inspirierte Snack-Komposition für einen sonnigen Tag.

DIE MINI-LÁNGOS UND TOPPINGS:
1 Packung gebrauchsfertiger Pizzateig
1 rote oder gelbe Paprika (oder gemischt)
1 rote Zwiebel
1 EL Mehl
½ TL Paprikapulver
2 Tomaten
1 kleines Bund Petersilie
4 EL grüne Oliven
Salz

Öl zum Frittieren

DER DIP:
200g vegane Mayonnaise
2 EL Wasser
1 Spritzer Zitronensaft
1/4 Bund Schnittlauch, in feinen Ringen
Salz, frischer Pfeffer aus der Mühle

1. Pizzateig in Stücke von etwa 6 x 6 cm schneiden. Paprika putzen und in Würfel schneiden.

2. Zwiebel in Ringe schneiden, Mehl und Paprikapulver mischen und Zwiebelringe darin wenden. Beiseite stellen.

3. Tomaten ebenfalls würfeln, mit der in feine Streifen geschnittenen Petersilie mischen, leicht salzen.

4. Öl in einer tiefen Pfanne oder einem weiten Topf erhitzen, bis an einem hineingehaltenen Holzlöffelstiel kleine Bläschen aufsteigen. Hitze etwas herunterschalten. Teigstückchen nacheinander im heißen Öl einige Minuten knusprig ausbacken. Zwischendurch einmal wenden. Herausnehmen und auf Küchenpapier abtropfen lassen.

5. Das Mehl von den Zwiebelringen etwas abklopfen und diese ebenfalls knusprig frittieren.

1. Während die Mini-Lángos backen, alle Zutaten für den Dip verrühren und lecker abschmecken.

2. In kleinen Schüsseln die Lángos mit den Zwiebelringen, Paprikawürfeln, Petersilientomaten, den Oliven und dem Dip anrichten und sofort servieren.

AVOCADO-APFELSALAT

DAS DRESSING:

1 Bio-Zitrone
2 TL Senf
6 EL Olivenöl
1/8 TL Salz
4 EL Agavensirup

DER SALAT:

4 EL grüne Erbsen (TK)
1 großer Apfel
2 schöne, reife Hass-Avocados
1 Handvoll Zuckerschoten
10 Blatt Basilikum oder Minze
4 Radieschen

frischer Pfeffer aus der Mühle

1. Die Schale der Zitrone abreiben, den Saft auspressen.

2. Mit den restlichen Zutaten in ein kleines Schraubglas geben, gut verschließen und kräftig durchschütteln. (Alternativ einfach in einer Schüssel mit einem kleinen Schneebesen verquirlen.)

1. Die Erbsen in ein Sieb geben, unter heißem Wasser kurz auftauen (– geht sehr schnell).

2. Den Apfel entstrunken, die Avocados jeweils mit einem großen Messer längs aufschneiden, aufdrehen, das Messer in den Kern schlagen und diesen mit einer Drehbewegung entfernen. Fruchtfleisch mit einem großen Löffel aus der Schale lösen.

3. Apfel, Avocado, Zuckerschoten und Kräuter in feine Streifen schneiden, Radieschen in feine Scheiben.

4. Alles auf Tellern oder einer großen Platte anrichten, mit dem Dressing beträufeln, mit etwas grob gemahlenem Pfeffer bestreuen und sofort servieren.

GESCHMORTE AUBERGINE MIT RUCOLA

DIE AUBERGINE:
1 Aubergine
4 Prisen Salz
4 EL Öl

DIE SAUCE:
150ml Tomatensaft
3 getrocknete Tomaten
1 Knoblauchzehe
1 gute Prise Zucker
½ TL Salz
½ TL Oregano
1 EL Essig
50ml Wasser
40ml Olivenöl

DAS FINISH:
2 Händevoll Rucola
1 Handvoll geröstete Pinienkerne
1 Handvoll Oliven
2 EL Olivenöl

1. Die Aubergine in 2,5 cm dicke Scheiben schneiden und salzen.

2. In einer Pfanne in Öl von jeder Seite etwa 1 Minute anbraten. Eventuell noch etwas Öl hinzugeben, falls die Aubergine alles aufgesaugt hat.

3. Währenddessen die Sauce zubereiten.

1. Alle Zutaten in einem hohen Gefäß mit dem Pürierstab fein pürieren und zu den Auberginen in die Pfanne geben.

2. Auf mittlerer Hitze abgedeckt etwa 8 Minuten köcheln lassen.

Finish: Die Aubergine mit der Sauce, dem Rucola, den Pinienkernen und den Oliven anrichten und mit Olivenöl beträufelt servieren.

TIPP: Wer möchte, kann den Rucola auch mit etwas Dressing anmachen und separat dazu servieren.

Das geht

LINSENSALAT MIT GURKE UND MINZE

DER SALAT:

300g gekochte braune Linsen (aus dem Glas)
½ Gurke
½ grüner Apfel
20 Minzblätter
½ grüne Chilischote
½ kleine rote Zwiebel
2 EL Walnüsse

DAS DRESSING:

2 EL Weißweinessig
1 TL Senf
2 EL Orangensaft
½ TL Salz
6 EL Olivenöl

1. Linsen abgießen und gut abtropfen lassen.

2. Gurke und Apfel würfeln. Minze in feine Streifen, Chilischote in feine Ringe schneiden.

3. Zwiebel in sehr feine Ringe schneiden.

4. Alles zusammen mit den Walnüssen in einer großen Schüssel vermischen.

1. Essig mit Senf, Saft und Salz gut verquirlen und Olivenöl nach und nach kräftig unterrühren. *Alternativ alle Zutaten in ein kleines Schraubglas geben, gut verschließen und kräftig durchschütteln.*

2. Das Dressing zum Salat in die Schüssel geben und gut vermengen.

GESCHMORTER ROMANA MIT PUMPERNICKEL-VINAIGRETTE

DAS DRESSING:

1 rote Zwiebel
2 TL Ahorn- oder Agavensirup
2 EL heller Balsamicoessig
2 Prisen Salz

4 EL Apfelsaft
4 EL Olivenöl
1 EL Worcestersauce

DER ROMANA:

4 kleine Köpfe Salatherzen
1 Prise Salz
1 EL Margarine
1 Prise Puderzucker
2 Scheiben Pumpernickel, zerbröselt
2 EL Mandeln, gehobelt

1. Die Zwiebel würfeln oder in feine Streifen schneiden und zusammen mit Sirup, Essig und Salz 5 Minuten ziehen lassen.

2. Apfelsaft, Olivenöl und Worcestersauce einrühren und beiseite stellen.

1. Den Salat salzen und mit der Margarine 1 Minuten in einer heißen Pfanne schmoren, bis er leicht zusammenfällt.

2. Puderzucker, Pumpernickel und Mandeln hinzugeben und eine Minuten unter Wenden leicht karamellisieren.

3. Das Dressing in die Pfanne geben, alles gut vermengen und sofort servieren.

TOMATENSUPPE MIT APRIKOSE UND KICHERERBSEN

DIE SUPPE:

2 frische Tomaten
2 Schalotten
2 Knoblauchzehen
3cm Ingwer
4 EL Olivenöl
600g passierte Tomaten
100ml Gemüsebrühe
2 EL Aprikosenmarmelade
1 TL Salz
1 EL dunkler Balsamicoessig
1 kleines Bund Koriander

DIE EINLAGE:

2 Aprikosen
½ rote Zwiebel
3cm Zucchini
4 EL Kichererbsen
6 Scheiben Jalapeños aus dem Glas (optional)
1 EL Olivenöl
1 EL heller Balsamicoessig
1 Prise Chilipulver
Salz

DAS FINISH:

Olivenöl
frischer Pfeffer aus der Mühle

1. Tomaten vierteln, dabei den Strunk entfernen. Schalotten und Knoblauch abziehen und kleinschneiden. Ingwer schälen und kleinschneiden.

2. Alles in Olivenöl zwei Minuten anschwitzen.

3. Restliche Zutaten, bis auf den Koriander, dazugeben und alles 8 Minuten köcheln lassen.

4. Koriander (bis auf einige Blättchen zum Garnieren) hinzugeben und alles fein pürieren.

5. Während die Suppe kocht, die Einlage zubereiten.

1. Aprikosen entsteinen und in Spalten schneiden, Zwiebel in feine Streifen schneiden.

2. Zucchini fein würfeln.

3. Alles mit Kichererbsen und Jalapeños mischen und mit Öl, Essig, Chili und Salz würzen.

Finish: 1. Suppe auf Schüsseln verteilen und das Topping darüber geben.

2. Mit etwas Olivenöl beträufeln und mit Korianderblättchen und frisch gemahlenem Pfeffer bestreuen.

TIPP: Die Suppe schmeckt im Sommer auch eisgekühlt sehr gut.

ZUCCHINI-LOLLIPOP

DIE FÜLLUNG:

1 Zucchini

3 EL weiche Margarine
1½ TL Tomatenmark
2 EL Speisestärke
1 Spritzer Essig
¼ TL Salz
frischer Pfeffer aus der Mühle (3 Umdrehungen)
½ TL Würz-Hefeflocken (optional)

1. Aus der Zucchini 8 etwa 1,5 cm dicke Scheiben schneiden.

2. Mit einem Apfelausstecher (alternativ mit einem Mokkalöffel oder einem kleinen Messer) großzügig das Kerngehäuse kreisförmig ausstechen, sodass nur noch der äußere Rand mit etwas Fruchtfleisch übrig und genug Platz für die Füllung bleibt.

3. Alle Zutaten für die Füllung gut verrühren und die Zucchiniringe damit füllen.

DIE PANADE:

2 EL Stärke
¼ TL Salz

2 EL Speisestärke
4 ELWasser

4 EL Paniermehl
1 TL geschnittene Petersilie

Öl zum Braten

1. Stärke & Salz vermischen.

2. Speisestärke und Wasser verrühren.

3. Das Paniermehl mit der geschnittenen Petersilie mischen.

4. Gefüllte Zucchiniringe nacheinander zuerst in der Stärke-Salz-Mischung, dann im „Kleber" (Gemisch aus Stärke und Wasser) und schließlich im Kräuter-Paniermehl wenden.

5. In heißem Öl von beiden Seiten knusprig braten. Auf Küchenpapier abtropfen lassen und auf Bambusspieße stecken.

TIPP: Wer noch Füllung übrig hat, kann diese mit den Resten der Zucchini mischen und auf einem Toast im Ofen überbacken.

ORANGENSALAT MIT ROTEN ZWIEBELN

DIE ZUTATEN:

1 kleine rote Zwiebel
1 gute Prise Salz
1 TL Zucker
2 TL Orangenblüten- oder hellen Balsamicoessig
2 Orangen

DAS DRESSING:

3 EL Orangensaft
2 EL Olivenöl
1 EL Rotweinessig
2 EL Ahornsirup
¼ TL Salz

AUSSERDEM:

3 Stängel glatte Petersilie

DAS TOPPING:

4 EL Kichererbsen (80g)
1 Msp. Paprikapulver
1 Msp. Kreuzkümmel
1 Msp. Chilipulver
1 TL Olivenöl
etwas Salz

1. Zwiebel in feine Ringe schneiden.

2. Mit Salz, Zucker und Essig mischen und einige Minuten ziehen lassen.

3. Orangen mit einem scharfen Messer so schälen, dass auch die weiße Haut entfernt wird.

4. Danach die Früchte in Scheiben schneiden und auf einem Teller drapieren.

1. Alle Zutaten für das Dressing gut verrühren.

2. Petersilienblätter in feine Streifen schneiden.

3. Marinierte Zwiebeln, Dressing und Petersilie auf dem Salat verteilen.

1. Für das Topping die Kichererbsen mit Öl und Gewürzen mischen, salzen und über den Salat streuen.

AVOCADO-ERBSEN-CROSTINI

DIE ERBSEN:
1 kleine Zwiebel
3 EL Olivenöl
¼ TL Salz
½ TL Zucker

150g Erbsen (frisch oder tiefgekühlt)
2 EL Wasser

DIE AVOCADO:
1 Avocado
1 EL Zitrone
1 Prise Salz
1 Prise Pfeffer

DIE CIABATTA:
8 Scheiben Ciabatta
6 EL Olivenöl

DAS FINISH:
8 Blatt Basilikum

1. Die Zwiebel fein würfeln.

2. Öl in einer beschichtete Pfanne erhitzen, Zwiebeln darin 2 Minuten glasig dünsten.

3. Salzen, zuckern und eine weitere Minute leicht glasieren.

4. Wasser und Erbsen dazugeben und eine Minute erwärmen.

1. Die Avocado längs halbieren, den Stein entfernen und das Fruchtfleisch mit einem Löffel aus der Schale heben.

2. Zusammen mit dem Zitronensaft, Salz und Pfeffer in eine Schüssel geben und mit einer Gabel zerdrücken.

3. Mit Salz und Pfeffer fein abstimmen.

4. Die Erbsen hinzugeben und alles gut durchmischen.

5. Die Pfanne kurz mit etwas Küchenpapier auswischen und gleich wieder heiß aufstellen.

1. Ciabatta mit Öl bestreichen und von jeder Seite goldbraun rösten.

Finish: Avocado-Erbsen-Creme auf den gerösteten Brotscheiben verteilen, mit jeweils einem Blatt Basilikum garnieren und sofort genießen!

ROTE-BETE-APFEL-CARPACCIO

DAS DRESSING:
1 kleine rote Zwiebel
5 EL Olivenöl
2 TL Zucker
1 Prise Salz
3 EL Himbeeressig
70ml Maracuja- oder Orangensaft

DAS CARPACCIO:
2 Knollen Rote Bete, fertig gegart (vakuumverpackt)
1 grüner Apfel

DAS FINISH:
½ Scheibe Pumpernickel (oder glutenfreies Vollkornbrot)
10 Himbeeren
1 Zweig frische Zitronenmelisse

1. Zwiebel fein würfeln und in Olivenöl einige Minuten bei mittlerer Hitze farblos anschwitzen.

2. Zucker dazugeben und eine halbe Minute karamellisieren lassen.

3. Salz, Essig und Saft dazugeben und eine Minute leicht einköcheln lassen.

1. Den Apfel entstrunken und zusammen mit den Rote-Bete-Knollen in feine Scheiben schneiden.

2. Beides abwechselnd auf einem Teller drapieren und das Dressing darauf verteilen.

Finish: Pumpernickel leicht zerbröseln und mit Himbeeren und Zitronenmelisse-Blättchen auf dem fertig angerichteten Carpaccio verteilen.

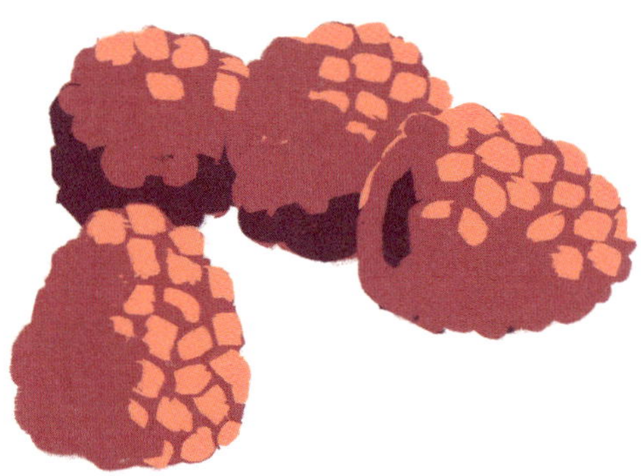

ERBSENCREMESUPPE MIT SONNENBLUMENKERNEN

DIE SUPPE:

10cm weißer Lauch
1 EL Margarine
¼ TL Salz
1 Prise Zucker
50ml Weißwein

1 kleine Kartoffel, gerieben
400ml Gemüsebrühe

250g Erbsen (TK)
50ml Pflanzensahne (z.B. Hafer oder Reis)
Salz
Pfeffer
Muskat

DIE EINLAGE:

4 EL Sonnenblumenkerne

1. Lauch in feine Ringe schneiden.

2. Margarine in einem Topf zerlassen, und die Lauchringe darin farblos anschwitzen. Salz und Zucker dazugeben und mit Weißwein ablöschen.

3. Eine Minute einköcheln lassen, um dem Alkohol die Möglichkeit zu geben zu verfliegen. Anschließend die Gemüsebrühe und die geriebene Kartoffel zugeben und alles 7 Minuten kochen lassen.

4. Währenddessen die Einlage zubereiten.

1. Erbsen und Sahne in die Suppe geben und eine weitere Minute kochen.

2. Fein pürieren und mit Salz, Pfeffer und Muskat abschmecken.

1. Die Sonnenblumenkerne in einer beschichteten Pfanne unter ständigem Wenden goldgelb anrösten. Herausnehmen und beiseite stellen.

Finish: Die Suppe auf tiefe Teller verteilen, Sonnenblumenkerne darauf geben und mit Petersilie bestreuen.

ORIENTALISCHE KAROTTEN

DIE KAROTTEN:

½ TL Kreuzkümmelsamen
½ TL Koriandersamen
¼ TL Paprikapulver, edelsüß
5 Bundmöhrchen
4 EL Olivenöl
2 EL Wasser
¼ TL Zucker
Salz

DAS FINISH:

2 EL Pinienkerne
2 EL Granatapfelkerne
½ TL frisch geriebene Zitronenschale

1. Kreuzkümmel- und Koriandersamen in einer Pfanne bei mittlerer Temperatur kurz anrösten, dann im Mörser oder in der Gewürzmühle (nicht zu Staub) mahlen. Paprikapulver dazugeben.

2. Möhren mit Schale längs halbieren, leicht salzen und in einer Pfanne in heißem Olivenöl 2-3 Minuten leicht anbraten, Wasser dazugeben, Deckel auf die Pfanne setzen, Hitze etwas herunterschalten und die Möhrchen zwei Minuten schmoren. Deckel abnehmen. Kurz ausdampfen lassen.

3. Wenn die Möhren wieder trocken sind, Gewürze und Zucker dazugeben und alles 2-3 Minuten rösten, bis es leicht Farbe genommen hat und die Möhrchen weich, aber noch bissfest sind.

1. Die Pinienkerne in der Pfanne ohne Fett hellbraun rösten, dabei die Pfanne öfter durchschwenken, denn, Achtung, die kleinen Kernchen verbrennen sehr schnell!

2. Zusammen mit den Granatapfelkernen und etwas frisch geriebener Zitronenschale auf die
Karotten geben und servieren.

PFANNENSCHMALZBROT

DIE ZUTATEN:

1/8 TL Kümmel
1 EL Röstzwiebeln

25g Kokosfett
2 Scheiben gutes Bauern- oder Vollkornbrot
1 Prise Salz
1 Prise Pfeffer

DAS FINISH:

2 EL Petersilie
2 EL Schnittlauchringe

1. Kümmel und Röstzwiebel im Mörser zerstoßen.

2. Eine große Pfanne erhitzen, Kokosfett darin schmelzen, anschließend das Brot hineingeben. Von beiden Seiten goldbraun rösten, gestoßenen Kümmel und Röstzwiebeln hinzugeben, kurz mitrösten. Salzen und pfeffern.

Finish: Gehackte Kräuter über das noch heiße Brot streuen und sofort servieren.

TIPP: Super als ganz einfache Brotzeit, z.B. mit ein paar Zwiebelringen und/oder Gurkenscheiben.

PILZRÖLLCHEN

DIE ZUTATEN:
4 Scheiben Sandwichtoast
2 EL vegane Mayonnaise oder weiche Margarine
2 EL Schnittlauchröllchen

1 kleine Tomate
6 Champignons
1 kleines Bund Rucola
Salz, frischer Pfeffer aus der Mühle

2 EL Margarine zum Braten

1. Mit einem großen Messer die Rinde vom Toastbrot schneiden und die Scheiben mit dem Nudelholz oder einer (Wein-)Flasche flach ausrollen.

2. Tomate vierteln, dabei Strunk und Kerne entfernen. Würfeln.

3. Champignons in feine Scheiben schneiden.

4. Brotscheiben mit Mayonnaise oder Margarine bestreichen und mit Schnittlauchröllchen bestreuen. Mit Tomatenwürfeln, Champignonscheiben und Rucola belegen, würzen und fest einrollen.

5. Margarine in einer heißen Pfanne zerlassen und die Röllchen darin mit der offenen Seite zuerst hineinlegen. 1-2 Minuten braten. Dann drehen und von allen Seiten knusprig und goldbraun braten.

GESCHMORTER SPARGEL MIT ERDBEERVINAIGRETTE

DER SPARGEL:

500g weißen Spargel, geschält
3 EL Olivenöl
Salz
1 EL Zucker
2 EL Zitronensaft
½ Tasse Wasser
1 Handvoll Zuckerschoten

DIE VINAIGRETTE:

3 Schalotten
½ grüner Apfel
150g geputzte Erdbeeren
3 EL Olivenöl
1 Prise Salz
1 EL brauner Zucker
50ml Guavensaft (alternativ Apfelsaft)
3 EL Weißweinessig

1. Spargel in mundgerechte Stücke schneiden, in heißem Olivenöl 2-3 Minuten farblos anschwitzen und salzen.

2. Zucker dazugeben, eine Minute pfannenrühren, Zitronensaft und Wasser dazugeben und den Spargel in ca. 5 Minuten bissfest garen.

3. 2 Minuten vor Ende der Garzeit Zuckerschoten dazugeben.

1. Inzwischen Schalotten und Apfel würfeln, Erdbeeren entstrunken und vierteln.

2. Olivenöl erhitzen, Schalotten und Äpfel darin 2 Minuten glasig andünsten.

3. Salz und Zucker dazugeben, eine Minute leicht karamellisieren lassen.

4. Vom Herd nehmen, Guavensaft, Weißweinessig und Erdbeeren dazugeben und noch warm über den geschmorten Spargel geben.

TIPP: Wer mag, kann noch 3 Stangen Spargel in sehr kleine Scheibchen schneiden und mit zur Vinaigrette geben.

ROAST BEET BAGEL

DIE ROTE BETE:
2 kleine Knollen Rote Bete (vakuumiert, gekocht)
4 EL Olivenöl
2 EL dunkler Balsamico-essig
½ TL Rohrzucker
2 Zweige Thymian
¼ TL Rauchsalz
etwas frischer Pfeffer aus der Mühle

1. Den Ofen auf 220°C vorheizen.

2. Thymian vom Strauch zupfen, Rote Bete mit Öl, Essig, den Kräutern, Zucker und Gewürzen einreiben. In Alufolie wickeln und zusammen 8 Minuten bei 200°C im Ofen backen.

DIE SAUCE:
4 EL vegane Mayonnaise
1 EL Kornsenf

1. Mayonnaise und Kornsenf in eine Schüssel geben und glatt rühren.

DAS FINISH:
2 Bagel (Mehrkorn)

1 Handvoll Salatblätter
8 Scheiben Gurke
4 dünne Scheiben rote Zwiebel

Finish: Die Rote Bete in feine Scheiben schneiden.
Den Bagel längs aufschneiden, beide Seiten mit Mayonnaise bestreichen, anschließend mit Gurke, Salat, roten Zwiebeln und Rote Bete belegen.

TOMATEN-AUBERGINEN-SALAT MIT GRÜNEM ERBSENPESTO

DIE AUBERGINE & TOMATE:

1 Aubergine
3 EL Stärke
½ TL Salz
½ TL Currypulver
½ TL Paprikapulver
Öl zum Braten

1 Fleischtomate

DAS PESTO:

4 EL grüne Erbsen (TK, aufgetaut)
2 EL geröstete Mandeln oder Cashewkerne (Dose)
1 kleines Bund Petersilie
½ TL Salz
1 kleine Knoblauchzehe
6 EL Rapsöl

1. Die Aubergine mit Schale in 0,5cm dicke Scheiben schneiden.

2. Stärke mit den Gewürzen mischen und die Auberginenscheiben darin wenden.

3. In heißem Öl bei mittlerer Hitze von beiden Seiten leicht knusprig, aber schön weich, braten. Auf Küchenpapier abtropfen lassen.

4. Tomate in Scheiben schneiden.

1. Alle Zutaten mit dem Pürierstab zu einem schönen Pesto verarbeiten.

Das Finish: Tomaten- und Auberginenscheiben auf einem Teller anrichten und das Pesto in Klecksen darüber verteilen.

ZUCCHINISTICKS MIT APRIKOSENKETCHUP

DER APRIKOSENKETCHUP:
1 Tomate
2 Aprikosen
2 EL Röstzwiebeln (enthalten Gluten) oder ½ TL Zwiebelpulver (glutenfrei)
2 EL Aprikosenmarmelade
2 EL vegane Worcestersauce

2 TL Essig
100ml Wasser oder Apfelsaft
½ TL Salz

DIE ZUCCHINISTICKS:
1 Zucchini
2 gehäufte EL Speisestärke
½ TL Salz
½ TL Paprikapulver

Öl zum Braten

1. Die Tomate vierteln und dabei den Strunk entfernen.

2. Aprikosen halbieren und entsteinen.

3. Beides mit den restlichen Zutaten in einem kleinen Topf fünf Minuten leise köcheln lassen. Dann mit dem Pürierstab fein pürieren.

4. Inzwischen die Zucchinisticks zubereiten.

1. Die Zucchini halbieren, jede Hälfte längs vierteln und das weiche Kerngehäuse herausschneiden. Anschließend jedes Viertel nochmals längs halbieren.

2. Stärke, Salz und Paprikapulver in eine Schüssel geben und die Zucchinisticks darin von allen Seiten mehlieren.

3. Öl in einer großen Pfanne erhitzen und die Zucchinisticks rundum knusprig braten.

TIPP: Wer mehr Zeit hat, kann die Zucchinisticks auch klassisch panieren, dann werden sie noch knuspriger (siehe z. B. Rote-Bete-Schnitzel auf Seite 100). Als Panade eignen sich z. B. gehobelte Mandeln, grobes Paniermehl, Sesamkörner, Cornflakes oder eine Mischung aus allem.

KÜRBIS-SESAM-CHIPS MIT PAPAYA-SALSA

DIE KÜRBIS-SESAM-CHIPS:

1 Butternusskürbis
6 EL Speisestärke
8 EL Wasser
1 TL Salz
12 EL Sesam
2 EL Öl zum Braten

DIE APFEL-PAPAYA-SALSA:

1 Apfel
1 kleine rote Zwiebel
50g Papaya
½ Tomate
2 EL Apfelsaft
2 EL heller Essig
2 EL Olivenöl
½ grüne Chili
1 Prise Salz
Saft einer ½ Zitrone
1 TL Ingwer gerieben

1. Vom Butternusskürbis mit einem scharfen Messer vorsichtig 8 dünne Scheiben (etwa 2mm) herunterschneiden. (Der restliche Kürbis kann für ein anderes Rezept verwendet werden.) Anschließend die Scheiben übereinander legen und mit einem Sparschäler ringsum die Schale entfernen.

2. Auf einem flachen Teller 2 EL Speisestärke verteilen. Die restlichen 4 EL mit Wasser und Salz zu einem flüssigen Teig glattrühren.

3. Den Sesam in einen tiefen Teller geben.

4. Die Kürbisscheiben nacheinander im flachen Teller mehlieren, durch den flüssigen Teig ziehen, abtropfen lassen und zum Schluss im Sesam wenden.

5. Öl in einer Pfanne erhitzen und die Kürbisscheiben von beiden Seiten knusprig goldbraun braten.

1. Apfel, Zwiebel und Papaya etwas zerkleinern und zusammen mit den restlichen Zutaten in einem hohen Gefäß grob pürieren.

TIPP: Dazu passt hervorragend Romana-, oder Chinakohlsalat und frische Petersilie.

TOMATEN-BROTSALAT

DIE ZUTATEN:
1 Ciabatta-Brötchen
etwas Olivenöl
Salz

1. Den Ofen auf 220°C vorheizen.

2. Ciabatta-Brötchen in dünne Scheiben schneiden, mit Olivenöl beträufeln, leicht salzen und im heißen Ofen etwa 6-7 Minuten knusprig rösten.

DAS DRESSING:
4 EL Tomatensaft
3 EL Olivenöl
2 EL Weißweinessig
½ TL Zucker
frischer Pfeffer aus der Mühle
Salz

1. Alles in einer großen Schüssel verrühren.

DAS GEMÜSE:
12 Kirschtomaten
½ Zucchini
1 kleine Zwiebel
1 EL Kapern
4 EL Wachtelbohnen

2 EL Oliven
2 EL geröstete Pinienkerne

1. Kirschtomaten vierteln, Zucchini in kleine Würfel schneiden oder mit dem Sparschäler in feine Streifen, Zwiebel in feine Ringe schneiden. Kapern grob hacken.

2. Zusammen mit den anderen Zutaten zum Dressing in die Schüssel geben, kurz vor dem Servieren das geröstete Brot unterheben und sofort servieren.

KNUSPRIGE BOHNENECKEN

DIE ZUTATEN:
5cm Zucchini
1 Knoblauchzehe
½ kleines Bund Koriander
5 EL Wachtelbohnen oder weiße Bohnen aus der Dose (Wasser aufheben)
½ TL Tomatenmark oder Chilisauce
1 Spritzer Limette
Salz

10 Blätter Wantan-Teig (alternativ Strudel- oder Yufkateig)

Öl zum Braten

1. Zucchini grob raspeln, Knoblauch fein reiben. Koriander grob hacken. Alles mit den restlichen Zutaten in eine Schüssel geben und mit der Gabel grobstückig zerkleinern.

2. Eine kleine Schüssel mit Wasser bereitstellen.

3. Wantan-Blätter auf der Arbeitsplatte auslegen und jeweils etwas Füllung in die Mitte geben. Die Ränder mit den Fingern oder einem kleinen Küchenpinsel mit etwas Wasser bestreichen. (Strudel- oder Yufkateig bitte nicht befeuchten, sondern mit etwas Öl einstreichen.) Die Taschen diagonal zusammenfalten. Dabei sorgfältig die Luft herausstreichen.

4. Öl in einer Pfanne erhitzen und die Bohnenecken darin von beiden Seiten knusprig braten. Auf Küchenpapier abtropfen lassen und sofort servieren.

TIPP: Dazu passt eine schnelle und fruchtige Tomatensalsa.

DIE TOMATENSALSA:
2 Tomaten
5cm Frühlingslauch
1 Spritzer Limettensaft
2 EL Olivenöl
1 Prise Zucker
Salz
frischer Pfeffer aus der Mühle

1. Tomaten horizontal halbieren und auf der groben Seite der Küchenreibe so in eine Schüssel raspeln, dass nur noch die Schale übrig bleibt. Alternativ einfach fein würfeln.

2. Frühlingslauch in feine Ringe schneiden und dazugeben.

3. Restliche Zutaten hinzugeben und lecker abschmecken.

TIPP: Das restliche Bohnenwasser kann wie Hühnereiweiß aufgeschlagen und, ähnlich wie dieses, z.B. für Baisers verwendet werden. Leider ist es nicht sehr hitzestabil, das heißt, bei Temperaturen über 100°C fällt der Schaum zusammen. Trotz allem ist es eine gute Basis für allerlei spannende und leckere Experimente.

FÜR DEN GROSSEN HUNGER

LINGUINE MIT ZUCCHINI-MAIS-PESTO UND WILDEM SPARGEL

DIE ZUTATEN:
300g Linguine
300g wilder grüner Spargel (alternativ: grüne Spargelspitzen oder Thai-Spargel)

DAS PESTO:
4 EL Maiskörner (Dose oder TK) plus 2 EL zum Anrichten
1 Handvoll junge Spinatblätter
50g Macadamianüsse, geröstet und gesalzen
1 Stück (ca. 80g) Zucchini
1 kleine Knoblauchzehe
80ml Olivenöl
½ TL Salz

1. Pasta wie gewohnt in ausreichend gesalzenem Wasser bissfest kochen. Evtl. (z.B. bei alten, langsamen Elektroherden) Wasser zuerst im Wasserkocher erhitzen und dann in den Topf geben.

2. Zwei Minuten vor Ende der Garzeit den Spargel ins Wasser geben.

3. Während die Nudeln kochen, das Pesto zubereiten.

1. Alle Zutaten in der Küchenmaschine oder mit dem Pürierstab zerkleinern und zu einem schönen Pesto verarbeiten.

2. Nudeln und Spargel abgießen und mit dem Pesto mischen. Restliche Maiskörner darüber streuen und sofort servieren.

3. Evtl. noch ein paar schöne Oliven auf der Pasta verteilen.

TIPP: Wer mehr Zeit hat, kann den grünen Spargel auch separat garen, denn gerade gegrillt oder gebraten entfaltet er sein fein-nussiges Aroma besonders gut. Dazu einfach mit etwas Olivenöl einreiben, leicht salzen, zuckern und auf dem Grill, der Grillpfanne oder einfach in einer Bratpfanne in ein paar Minuten bissfest garen. Wenn man die Grillpfanne schon mal draußen hat, kann man auch gleich noch ein paar Zucchinischeiben grillen und zur Pasta reichen.

Für eine glutenfreie Low-Carb-Variante eine Zucchini mit dem Sparschäler oder Spiralschneider in feine Streifen schneiden, in einer Pfanne mit etwas Olivenöl und einer Prise Salz etwa eine Minute garen und mit dem Pesto servieren.

KARTOFFELSALAT MIT AVOCADODRESSING

DIE KARTOFFELN:

8 kleine, neue Kartoffeln

DAS AVOCADODRESSING:

1 Avocado
2 EL Olivenöl
2 EL heller Essig
¼ TL Salz
40ml Wasser

DAS FINISH:

1 Avocado
1 Tomate
3 Palmherzen oder Artischocken
Salz und Pfeffer aus der Mühle

1. Wasser in einem kleinen Topf zum Kochen bringen. Kartoffeln mit ihrer dünnen Schale in dicke Scheiben schneiden und in gut gesalzenem Wasser zugedeckt in 7-8 Minuten weich kochen.

2. Währenddessen den Rest zubereiten.

1. Die Avocado mit den restlichen Zutaten fein pürieren.

Finish: 1. die Avocado und die Tomate in Würfel, die Palmherzen (oder Artischocken) in Stückchen schneiden.

2. Die Kartoffeln abgießen, kurz abkühlen lassen und noch warm mit dem Avocadodressing vermischen.

3. Die restlichen Zutaten unterheben und alles noch mal kräftig abschmecken.

TIPP: Wer mehr Zeit hat, gibt noch eine gute Handvoll Bratpaprika (Pimientos) dazu. Diese in einer Pfanne in Öl scharf anbraten, bis sie zu „pfeifen“ beginnen und Farbe bekommen haben. Anschließend werden sie mit grobem Meersalz gewürzt, direkt serviert und mit den Fingern gegessen.

Auch ein paar Salatblätter machen sich gut in den cremigen Kartoffeln.

MANGOLD-PILZPFANNE

Mangold wird sicher oft unterschätzt.
Hier ein schönes und leichtes Gericht mit dem grünen Gold.

DIE PILZPFANNE:
1 kleine weiße Zwiebel
300g Mangold
400g Pilze, z.B. Champignons, Kräuterseitlinge und/oder Austernpilze
2 EL Olivenöl
1 TL Knoblauchöl

100ml Gemüsebrühe
20g gute Margarine
Salz

frischer Pfeffer aus der Mühle

DIE MANGOLD-SALSA:
3 Mangoldblätter
1 TL Knoblauchöl
1 Handvoll Salzmandeln (alternativ geröstete Cashewkerne, Snack-Abteilung im Supermarkt)
50ml Olivenöl
¼ TL Salz
1 kleine Tomate

1. Die Zwiebel und den Mangold inkl. Stängel in feine Streifen schneiden, dabei drei grüne Mangoldblätter für die Salsa beiseite legen.

2. Pilze in Scheibchen oder Stücke schneiden.

3. Olivenöl in einer Pfanne erhitzen und zuerst die Zwiebel darin leicht glasig anschwitzen.

4. Mangoldstängel und -blätter dazugeben, alles salzen und 2-3 Minuten pfannenrühren.

5. Pilze und Knoblauchöl dazugeben und eine weitere Minute braten. Mit der Gemüsebrühe ablöschen und kurz einkochen lassen.

6. Zum Schluss Margarine unterrühren. Mit Salz und Pfeffer kräftig abschmecken.

1. Mangoldblätter kleinschneiden und mit den restlichen Zutaten in einem hohen Gefäß mit dem Pürierstab oder im Blender fein pürieren.

Finish: Auf einem schönen Teller anrichten und mit der Sauce servieren.

SAUERKRAUT-PUFFER

DIE PUFFER:
200 ml Sprudelwasser
1 TL Paprikapulver
½ TL Majoran, getrocknet
1 TL Salz
½ TL gemahlener Pfeffer
1 TL Backpulver
1 gehäufter EL Speisestärke
5 gehäufte EL Buchweizenmehl

2 Stangen Frühlingslauch
250g küchenfertiges Weinsauerkraut

Öl zum Braten

DIE BUNTE REMOULADE:
200g vegane Mayonnaise
1 Gewürzgurke
6 Radieschen
10 Radieschenblätter
1 TL Salz
frischer Pfeffer aus der Mühle¼ TL Salz
1 kleine Tomate

1. Sprudelwasser mit Gewürzen in eine Schüssel geben, mit Backpulver, Stärke, und Mehl glatt rühren.

2. Frühlingslauch in feine Ringe schneiden, Sauerkraut abtropfen. Beides zum Teig in die Schüssel geben und gut verrühren.

3. Ausreichend Öl in einer großen Pfanne erhitzen. Die Masse mit einem Löffel portionsweise ins heiße Öl geben und von jeder Seite 2-3 Minuten goldbraun und knusprig braten. Auf diese Weise 6-8 kleine Puffer backen.

Dazu passt: Alle Zutaten in eine Schüssel geben und mit dem Pürierstab grobstückig pürieren. (Alternativ alles in den Mixbehälter der Küchenmaschine geben.)

TIPP: Witzige Beilage zum Sauerkraut-Puffer: Veganer Würstchensalat - ein paar vegane Würstchen in Scheiben schneiden und mit klein geschnittenen Gewürzgürkchen, Zwiebeln und gehackter Petersilie vermischen. Mit Essig und Öl marinieren und mit Salz und Pfeffer abschmecken.

WALNUSSBÄLLCHEN MIT ZUCCHINISALAT

DIE WALNUSSBÄLLCHEN:

1 Handvoll Walnüsse
2 Scheiben Vollkorntoast
1 kleines Bund Petersilie
1½ EL weiche Margarine
½ TL Speisestärke
Salz und Pfeffer

DER ZUCCHINISALAT:

1 Zucchini
4 Aprikosen
2 EL Dill
2 EL Pinienkerne

3 EL dunkler Balsamicoessig
5 EL Olivenöl
4 EL Granatapfelkerne
¼ TL Pul Biber (getrocknete Paprikaflocken)
Salz
Pfeffer

Den Ofen vorheizen auf 200°C.

1. Petersilie von den Stängeln zupfen und zusammen mit den restlichen Zutaten in der Küchenmaschine grob zerkleinern. *Alternativ die Walnüsse fein hacken oder in einem Beutel mithilfe eines Nudelholzes (oder eines kleinen Stieltopfes) zerdrücken. Petersilie in feine Streifen schneiden. Beides zusammen mit dem zerkrümelten Toast und der weichen Margarine und Stärke verkneten und mit Salz und Pfeffer abschmecken. (Dann dauert es natürlich etwas länger.)*

2. 8 Bällchen aus der Masse formen und auf einem mit Backpapier ausgelegtem Blech 10 Minuten im vorgeheizten Ofen backen.

3. Währenddessen den Zucchinisalat zubereiten.

1. Zucchini grob raspeln, Aprikosen entsteinen und würfeln.

2. Dill kleinschneiden.

3. Gründlich mit den restlichen Zutaten mischen und mit Salz und Pfeffer lecker abschmecken.

4. Zu den warmen Brotbällchen servieren.

TIPP: Noch leckerer wird's, wenn ihr die Pinienkerne für den Salat zusammen mit den Walnussbällchen im Ofen röstet und anschließend mit in den Salat gebt.

SPINAT-COUSCOUS MIT LAUCH UND BABYMAIS

DER COUSCOUS:
1 Tasse Wasser
1 gestr. TL Salz oder ½ TL Gemüsebrühe-Pulver (ohne Glutamat)
1 Tasse Couscous
10cm weißer oder hellgrüner Lauch
5 Stück Babymais
1 Msp.Kurkuma
120g junger Spinat

DAS FINISH:
3 EL Olivenöl

1. Lauch in Ringe schneiden.

2. Lauchringe und Maiskölbchen in der Brühe/im gesalzenen Wasser zugedeckt 2-3 Minuten kochen. Kurkuma dazugeben.

3. Spinat und Couscous in eine Schüssel geben und mit der heißen Flüssigkeit und dem Gemüse übergießen. Durchrühren und abgedeckt 7 Minuten quellen lassen.

Finish: 1. Couscous mit einer Gabel auflockern und Olivenöl unterrühren.

TIPP: Mit etwas Essig und frischen Kräutern angemacht, eignet sich dieses Gericht auch wunderbar als Salat für die nächste Gartenparty. Dafür vielleicht noch ein paar frische Gurkenwürfel und Oliven dazugeben.

SÜSSKARTOFFEL-BBQ-BURGER

DER BURGER:

2 dicke Scheiben einer großen Süßkartoffel (Durchmesser ähnlich der Brötchen; kann man auch mit Schale essen!)
2 dicke Scheiben einer großen Zwiebel
Öl zum Braten
Salz

DIE GLASUR:

2 EL Ketchup
2 EL Sojasauce
4 EL Ananassaft
1 Prise Rauchsalz
1 EL Chilisauce (alternativ
1 Prise Chilipulver + 1 EL Orangenmarmelade)

DIE SAUCE:

2 gehäufte EL Erdnuss-butter
2 EL Sojasauce
5 EL warmes Wasser

DAS FINISH:

2 Brötchen nach Wahl
2 Scheiben Ananas aus dem Glas
einige Salatblätter
2 EL vegane Mayonnaise

1. Die Süßkartoffelscheiben salzen, zusammen mit den ebenfalls leicht gesalzenen Zwiebelscheiben in etwas Öl auf kleiner Flamme 3-4 Minuten anbraten, wenden und 8 EL Wasser dazugeben. Deckel aufsetzen. Auf kleiner Flamme alles nochmal etwa 4-5 Minuten schmoren.

2. Inzwischen die Erdnusssauce zubereiten.

3. Die Süßkartoffel sollte weich sein, aber noch einen guten Biss haben.

4. Zwiebel aus der Pfanne nehmen und beiseite legen.

1. Alle Zutaten zur Süßkartoffel in die Pfanne geben und 1-2 Minuten glasieren.

1. Während die Süßkartoffeln und Zwiebeln garen, alle Zutaten in einer Schüssel verrühren.

Finish: 1. Die Brötchenhälften kurz auf dem Toaster anrösten, jeweils eine Seite mit der Erdnusssauce bestreichen, die andere mit der Mayonnaise.

2. Mit der glasierten Süßkartoffel, Zwiebel, der Ananas und dem Salat belegen.

TIPP: Wer mag und Zeit hat, kann natürlich den Burger zusätzlich mit Tomate, Gurke etc. belegen.

ROTE-BETE-SCHNITZEL MIT ORANGENSENF

DIE ROTE BETE:
2 Knollen Rote Bete (vakuumiert und gegart)
5 EL Speisestärke
1 TL Korianderpulver
1 TL Salz

etwa 40-60ml Wasser

DIE KNUSPERPANADE:
60g Cornflakes
Öl zum Braten

DER ORANGENSENF:
3 EL Orangenmarmelade
2 EL Kornsenf
3 EL Olivenöl
1 TL Agavensirup

1. Rote Bete in etwa 1,5cm dicke Scheiben schneiden und mit einem Küchentuch trocken tupfen.

2. Die restlichen Zutaten in eine Schüssel geben und die Rote-Bete-Scheiben nacheinander darin wenden.

3. Die mehlierten Scheiben beiseite legen, sodass in der Schüssel nur noch die gewürzte Stärke übrig ist.

4. Nach und nach Wasser in die Schüssel geben und mit einem Schneebesen gut verrühren, um einen leicht dickflüssigen Teig, ähnlich eines Crêpeteiges, herzustellen.

1. Die Cornflakes in einer zweiten Schüssel mit der Hand zerbröseln.

2. Die mehlierten Rote-Bete-Scheiben zuerst durch den Stärketeig ziehen, dabei darauf achten, dass alle Seiten gut bedeckt sind. Dann sofort in den Cornflakes-Bröseln wenden und diese gut andrücken.

3. Eine Pfanne mit ausreichend Öl erhitzen und die panierten Rote-Bete-Scheiben von jeder Seite etwa 3 Minuten goldbraun und knusprig braten.

4. Währenddessen die Sauce anrühren.

1. In einer kleinen Schüssel alle Zutaten gut verrühren.

2. Die Rote-Bete-Schnitzel aus der Pfanne nehmen, auf Küchenpapier abtropfen lassen und zusammen mit dem Orangensenf servieren.

TIPP: Sehr lecker mit Omas Kartoffelpüree.

KAROTTEN-CURRY

DAS CURRY:

3 mittelgroße junge Karotten
1 kleine Zwiebel
1 Knoblauchzehe
4 EL Öl
Salz
½ TL Kurkuma
½ TL Cumin
½ TL Koriander
½ TL Sambal Oelek
1 Prise Zucker

AUSSERDEM:

100ml Kokosmilch
50ml Wasser
2 EL Frühlingslauch in Ringen

1. Die Karotten mitsamt Schale in gleichmäßige, etwa 0,5cm dicke Scheibchen, die Zwiebel in Streifen schneiden.

2. Knoblauch fein hacken oder reiben.

3. Alles in heißem Öl 3-4 Minuten anbraten. Das Gemüse darf ruhig etwas Farbe bekommen. Salzen.

4. Gewürze, Sambal und Zucker dazugeben und 1 Minute mitrösten.

1. Mit Kokosmilch und Wasser aufgießen, alles etwa 5 Minuten bei mittlerer Hitze köcheln lassen und lecker abschmecken.

2. Mit Frühlingslauch servieren.

TIPP: Hält sich mindestens 2 Tage im Kühlschrank und passt wunderbar zu Reis, aber auch zu Salzkartoffeln oder Couscous.

GRIESSNOCKEN MIT KALTER MANDEL-TOMATENSAUCE

DIE NOCKEN:

200ml ungesüßte Reis- oder Hafermilch

½ TL Salz
1/8 TL Kurkuma
2 EL Öl
60g Hartweizengrieß
2 EL Stärke
Pfeffer
Muskat

DIE SAUCE:

1 Fleischtomate
¼ Knoblauchzehe
¼ TL Salz
½ Peperoni
4 EL Salzmandeln

1. Einen ausreichend großen Topf mit leicht gesalzenem Wasser aufsetzen und zum Kochen bringen.

2. Inzwischen die Milch mit Salz, Kurkuma und Öl in einem anderen Topf aufkochen. Grieß einstreuen und gut rühren, bis sich die Grießmasse vom Topfboden löst. Stärke unterrühren und mit etwas Pfeffer und Muskat abschmecken.

3. Mit zwei großen Löffeln Nocken von der Masse abstechen und ins sprudelnde Wasser gleiten lassen. Hitze herunterdrehen und die Nocken einige Minuten garziehen lassen, bis sie an der Topfoberfläche schwimmen. Mit einer Schaumkelle herausheben.

4. Inzwischen die Sauce zubereiten.

1. Während die Nocken garziehen, die Tomate entstrunken und mit den restlichen Zutaten fein pürieren.

2. Die Sauce auf den noch heißen Grießnocken verteilen und sofort servieren.

TIPP: Wer etwas mehr Zeit hat, kann die Nocken nach dem Kochen erst abkühlen lassen. Dadurch werden sie etwas fester und können dann in einer beschichteten Pfanne in etwas Öl oder Margarine leicht hellbraun angebraten werden. Lecker auch, wenn z.B. ein paar Mandelblättchen mit in die Pfanne gegeben werden. Die gebratenen Nocken mit ein paar Schnittlauchröllchen bestreuen und mit der kalten Tomatensauce servieren.

GEGRILLTER ROMANA MIT BUTTERNUSS

DER KÜRBIS:

100g Butternusskürbis, geputzt und geschält
2 Schalotten
1 gute Prise Salz
4 EL Olivenöl
1 TL Zucker
2 EL Estragon- oder weißen Balsamicoessig

1. Kürbis grob raspeln, Schalotten in feine Streifen schneiden.

2. Beides salzen und mit dem Olivenöl gut verkneten.

3. Zucker und Essig dazugeben und gut vermengen.

DAS SENFSÖSSCHEN:

40ml hellen Balsamicoessig
2 EL mittelscharfer Senf
2 gehäufte EL Zucker
½ TL Salz
1 kleines Bund Dill (oder 2 EL gefrorenen Dill)
200ml neutrales Öl (Raps oder Sonnenblumen)

1. Essig, Senf, Zucker, Salz und Dill (mit Stängel) in einen hohen Mixbecher geben. Mit dem Pürierstab fein durchmixen. Öl in einem dünnen Strahl einlaufen lassen, dabei alles gründlich mixen, bis eine cremige Sauce entsteht.

DER GEGRILLTE SALAT:

2 Römersalatherzen
2 EL Olivenöl
Salz

1. Grillpfanne erhitzen.

2. Salatherzen längs halbieren, die Schnittflächen mit Öl bestreichen und leicht salzen. 2-3 Minuten grillen.

3. Sofort mit dem Kürbissalat und dem Senfsößchen servieren.

EIN SCHÖNES TOPPING DAZU:

4 EL Kichererbsen (aus der Dose, mit einem Küchentuch getrocknet)
1 TL Öl
1 Prise Paprikapulver

1. Die Kichererbsen mit Öl und Paprikapulver mischen und in einer heißen Pfanne einige Minuten rösten.

2. Die gerösteten Kichererbsen über den gegrillten Salat geben.

TIPP: Die übrige Senfsauce in ein Schraubglas füllen und bis zu drei Wochen im Kühlschrank aufbewahren. Sie passt auch wunderbar zu Pellkartoffeln, fleischlosen Boulettchen oder ähnlichem und macht sich auch super auf Sandwiches oder als Salatdressing.

CHILI CON WALNUSS

DIE ZUTATEN:

1 rote Zwiebel
1 gelbe Paprika
4 EL Olivenöl
220g Walnüsse
1 EL Knoblauchöl (alternativ 2 Zehen)

3 EL Tomatenmark
1 TL Paprikapulver
¼ TL Cumin
½ TL Salz
1-2 TL Sambal Oelek (je nach gewünschtem Schärfe-Level)
1-2 TL Peperoni-Ringe oder Jalapeños, aus dem Glas

4cl Rotwein
250ml Gemüsebrühe

200g Mais (TK oder aus der Dose)
1 Dose Kidneybohnen, abgetropft
3 Stückchen dunkle Schokolade oder 1 TL Kakaopulver
2 Prisen Zimt

1 Limette

1. Zwiebel fein würfeln, Paprika in Stücke schneiden. Beides in Olivenöl farblos anschwitzen. Walnüsse mit den Händen leicht zerdrücken.

2. Zusammen mit dem Knoblauchöl in die Pfanne geben. Eine Minute mitrösten.

3. Tomatenmark, Gewürze, Sambal und Peperoni dazugeben. 20 Sekunden rühren, dann mit Rotwein ablöschen und mit Brühe aufgießen.

4. Mais, Bohnen, Schokolade (oder Kakao) und Zimt dazugeben und alles 5 Minuten köcheln lassen.

5. Limette halbieren, die Schale abreiben, dazugeben und das fertige Chili mit ein paar Spritzern Limettensaft abschmecken.

6. Die restliche Limette in Spalten schneiden und zum Chili servieren.

BROKKOLIPÜREE MIT KNUSPRIGEN KICHERERBSEN

DAS PÜREE:
1 großer Brokkoli
½ TL Salz

100ml Olivenöl
Salz
Pfeffer
Muskatnuss, frisch gerieben

DIE KNUSPERERBSEN:
150g Kichererbsen (gekocht, aus der Dose)
1 Prise Zimt
2 Prisen Paprikapulver
1 Prise Oregano, getrocknet
2 EL Pinienkerne
1 EL Olivenöl

1. Einen kleinen Topf mit etwa 2cm Wasser aufstellen, salzen, Deckel aufsetzen und zum Kochen bringen.

2. Währenddessen vom Brokkoli sechs schöne Röschen abtrennen, den Rest scheibchenweise sehr klein schneiden. Stiel schälen, ebenfalls klein schneiden. Alles in das kochende Wasser geben, die Röschen obenauf. Zugedeckt 4-5 Minuten garen. Die Röschen aus dem Topf nehmen und warm stellen (z.B. auf dem umgedrehten Topfdeckel). Den Rest zugedeckt weitere 3 Minuten garen, Deckel abnehmen und eine weitere Minute einköcheln lassen.

3. Währenddessen die Kichererbsen zubereiten.

4. Ist der Brokkoli weich, das Olivenöl in den Topf geben und alles fein pürieren.

5. Mit Salz, Pfeffer und Muskatnuss lecker abschmecken.

1. Die Kichererbsen in einer Schüssel mit den restlichen Zutaten vermischen und in einer heißen Pfanne unter ständigem Wenden knusprig rösten.

2. Die Knuspererbsen über das Püree streuen und sofort servieren.

TIPP: Ein paar rote Mangold- oder junge Spinatblätter machen sich schön als Deko.

PFANNEN-BÖREK

DER BÖREK:

1 große Tomate

4 EL gekochte Bohnen
1 EL Olivenöl
1 Prise Salz und Pfeffer
½ Bund Basilikum
5 Blatt Minze
¼ grüne Chili
2 EL Semmelbrösel
1 TL Essig

3 Blätter Filo-, Strudel- oder Yufka-Teig
2 EL Margarine

1. Von der Tomate 4 Scheiben herunterschneiden, die restliche Tomate würfeln.

2. Die Bohnen mit den restlichen Zutaten in ein hohes Gefäß geben und mit einem Pürierstab fein pürieren. Tomatenwürfel unterrühren.

3. Anschließend die Teigblätter übereinander legen und in 12 Quadrate schneiden. Auf 6 der Quadrate nun zuerst die Bohnenmasse mittig verteilen, dann jeweils eine Tomatenscheibe darauflegen und leicht andrücken. Mit den restlichen 6 Quadraten abdecken.

4. In einer Pfanne bei mittlere Hitze von jeder Seite etwa 2-3 Minuten knusprig braun braten.

WARMER KARTOFFELSALAT MIT ARTISCHOCKEN

DER SALAT:
350g kleine junge Kartoffeln
80g breite grüne Bohnen (ca. 6 Stück)
4 rote und 4 gelbe Kirschtomaten
Salz

DIE ARTISCHOCKEN:
150g Artischockenstücke aus dem Glas, abgetropft
100g gegrillte Paprika (aus dem Glas, Sud nicht wegschütten)
4 EL Paprikasud aus dem Glas
2 getrocknete Tomaten
4 rote und 4 gelbe Kirschtomaten
8 entsteinte Kalamata-Oliven
2 TL Senf
40ml Olivenöl
½ TL Salz
½ TL brauner Zucker oder 2 EL Ahornsirup
1 EL weißer Essig

1. Einen Topf mit Wasser aufsetzen.

2. Die Kartoffeln waschen und mit Schale in gleichmäßige kleine Würfel oder Scheiben schneiden, die grünen Bohnen in Stücke schneiden.

3. Kartoffeln ins gesalzene Wasser geben und 10 Minuten sprudelnd kochen. Bohnenstücke dazugeben und in weiteren 3-4 Minuten weichkochen.

4. Inzwischen die übrigen Zutaten für den Salat vorbereiten.

1. Die Artischocken abtropfen.

2. Paprika und die getrockneten Tomaten in Streifen schneiden.

3. Alles zusammen in einer Schüssel mit den restlichen Zutaten mischen.

Finish: 1. Kartoffeln und Bohnen abgießen und sofort zu dem restlichen Gemüse in die Schüssel geben. Gut vermengen und servieren.

GERÖSTETER CURRY-BLUMENKOHL MIT ERBSEN & MACADAMIAS

LOW CARB

Einfach und schnell, aber auch schnell ein Lieblingsgericht.

DER BLUMENKOHL:
500g Blumenkohl
2 EL gute Margarine
Salz
1 TL gelbes Currypulver
3 EL Paniermehl

DAS FINISH:
8 EL Erbsen (TK, aufgetaut)
1 Handvoll Rucola
10 Stck. (40g) Macadamianüsse
Saft einer halben Zitrone

1. Den Blumenkohl in ca. 0,5cm dicke Scheiben schneiden, sodass er in kleine Röschen zerfällt.

2. Margarine in einer großen Pfanne erhitzen. Blumenkohl leicht salzen und bei mittlerer Hitze leicht hellbraun anbraten.

3. Paniermehl und Currypulver dazugeben und weitere zwei Minuten braten, bis die Brösel goldbraun sind. Der Blumenkohl sollte jetzt weich sein, aber noch Biss haben.

1. Erbsen zum Blumenkohl in die Pfanne geben und kurz erwärmen.

2. Rucola kleinschneiden, Macadamias grob hacken.

3. Beides auf dem Blumenkohl verteilen und mit etwas Zitronensaft beträufeln.

ASIATISCHER REISNUDELSALAT

(optional glutenfrei)

DER SALAT:

200g feine Reisnudeln
etwas Salz
8 Tropfen geröstetes Sesamöl

180g Sellerie
Salz
Öl zum Braten
5 EL Wasser
1 EL Sojasauce
1 EL süße Chilisauce

50g Eisbergsalat
50g Chinakohl
10cm Gurke
100g Wassermelone

DAS DRESSING:

60ml helle Sojasauce (Tamari)
40ml Limettensaft
1 TL geriebener Ingwer
¼ – ½ rote Chilischote, in Ringe geschnitten
1 TL Palmzucker
4 EL Wasser

AUSSERDEM:

1 EL Röstzwiebeln (enthalten Gluten) oder geröstete Erdnüsse (glutenfrei)

1. Die Nudeln in kochendem, gut gesalzenem Wasser 1 bis 2 Minuten (je nach Packungsanleitung) garen, abgießen und (ausnahmsweise) kalt abschrecken.

2. Gut abtropfen lassen. Sesamöl unterheben und auf einem großen Teller anrichten.

3. Sellerie in Stifte schneiden und in einer beschichteten Pfanne in heißem Öl 1-2 Minuten anbraten. Salzen.

4. Wasser dazugeben und zugedeckt zwei Minuten schmoren. Soja- und Chilisauce hinzugeben und gut durchschwenken.

5. Inzwischen Eisbergsalat und Chinakohl in Streifen und die Gurke in dünne Scheiben schneiden.

6. Wassermelone würfeln.

7. Alles auf den Nudeln verteilen.

1. Alle Zutaten für das Dressing gut verrühren und auf dem Salat verteilen.

2. Je nach Wunsch mit Röstzwiebeln oder Erdnüssen bestreuen und sofort servieren.

TIPP: Röstzwiebeln ganz einfach und glutenfrei selber machen: Eine rote oder weiße Zwiebel in sehr feine Ringe schneiden. Etwas Speisestärke mit ein wenig Paprikapulver mischen und die Zwiebelringe darin mehlieren. In ausreichend heißem Öl knusprig und goldbraun frittieren. Auf Küchenpapier abtropfen lassen und leicht salzen.

AUBERGINE SÜSS-SAUER

DIE AUBERGINE:

1 kleine Aubergine
1 Zwiebel
1 Knoblauchzehe
4 EL Öl
Salz
3 EL Weißwein
8 EL Wasser

3 EL Erbsen (TK)

DIE SAUCE:

5 EL Ananassaft
4 EL Ketchup
2 EL Sojasauce
3cm Ingwer, gerieben
2 TL Reis- oder einen anderen hellen Essig
2 EL Mirin oder trockenen Sherry (optional)
2 EL Palmzucker oder braunen Rohrzucker
½ TL Speisestärke

1. Die Aubergine grob würfeln, Zwiebel und Knoblauch klein schneiden.

2. Alles in heißem Öl scharf anbraten und salzen.

3. Mit Weißwein und Wasser ablöschen und alles schmoren, bis die Aubergine schön weich ist.

4. Inzwischen die Sauce anrühren.

1. Alle Zutaten für die Sauce gründlich vermischen, dabei darauf achten, dass die Stärke gut aufgelöst ist (sonst gibt es später unschöne Klümpchen) und unter ständigem Rühren zu den Auberginen in die Pfanne geben.

2. Zwei Minuten rührend köcheln, bis die Sauce leicht eindickt.

Finish: Anschließend die Erbsen dazugeben.

TIPP: Wer mag, kann noch gekochte grüne Bohnen, Brokkoli, oder anderes Gemüse hinzugeben.
Dazu passt Duftreis oder Reisnudeln, aber auch Baguette und Salat.

ARMER RITTER MIT GURKE UND ROTE-BETE-CREME

DER RITTER:
80ml Hafer- oder Reisdrink
2 EL Buchweizenmehl
1 EL Kichererbsenmehl
½ TL Kurkuma
1 TL heller Balsamicoessig
1 TL Salz
2 Scheiben Sandwichtoast

DIE CREME:
2 kleine Knollen Rote Bete (vakuumiert, gekocht)
30ml neutrales Öl
1 EL hellen Balsamicoessig
½ TL Salz

DIE GURKE:
½ Gurke

DAS FINISH:
1 EL gute Pflanzenmargarine
2 EL Olivenöl
1 Prise Puderzucker
2 EL hellen Balsamicoessig
Salz

1. Alle Zutaten, bis auf den Toast, in einem tiefen Teller verrühren.

2. Den Sandwichtoast in jeweils 4 Dreiecke schneiden und 2 Minuten gut bedeckt in der Mischung ziehen lassen.

3. Inzwischen die Creme zubereiten.

1. Alles sehr fein pürieren.

1. Die Gurke schälen, längs vierteln, vom Kerngehäuse trennen und in dicke Stifte schneiden.

Finish: 1. Margarine und Olivenöl in einer heißen Pfanne zerlassen.

2. Die Toasts leicht abtropfen lassen und zunächst bei mittlerer Hitze von einer Seite goldbraun braten. Anschließend wenden und die Gurkensticks neben den Rittern mit in die Pfanne legen. Alles zusammen weitere 2 Minuten braten.

3. Die Armen Ritter aus der Pfanne nehmen und beiseite stellen.

4. Die Gurken mit Puderzucker, Salz und Essig gewürzt noch eine weitere Minute schmoren lassen.

5. Die Armen Ritter mit der Rote-Bete-Creme und der Schmorgurke servieren.

SÜSSKARTOFFEL-CURRY MIT NUDELN

DAS CURRY:
140g Süßkartoffel
70g Aubergine
6 Shiitake-Pilze oder Champignons
1 kleine rote Zwiebel
4 EL Öl
1 EL Knoblauchöl
½ TL Kurkuma
2 EL Sojasauce
50ml Wasser
1 TL gelbe Currypaste (vom Asiamarkt)

200ml Kokosmilch
200g asiatische Schnell-kochnudeln oder Udon-Nudeln
Salz

DAS FINISH:
1 Handvoll Wasserspinat (alternativ frischen Spinat)
1 Limette
etwas Salz

1. Die Süßkartoffel und die Aubergine in kleine Würfel, die Pilze in Scheibchen und die Zwiebel in Streifen schneiden.

2. Alles in heißem Öl scharf anbraten. Leicht salzen.

3. Knoblauchöl dazugeben. Kurkuma, Sojasauce, Wasser und Currypaste hinzufügen und alles drei Minuten zugedeckt schmoren.

4. Kokosmilch und die ungekochten Nudeln dazugeben, umrühren und zugedeckt etwa 5 Minuten garen. Gelegentlich umrühren und evtl. noch etwas Wasser hinzugeben.

Finish: 1. Wasserspinat unter die Currynudeln heben und alles mit Salz und etwas Limettensaft abschmecken. Sofort servieren.

VIVA LAS TAPAS

6 spanische Leckereien, von denen keine mehr als 10-15 Minuten Zubereitungszeit in Anspruch nimmt (ohne Backzeit).

GEWÜRZKARTOFFELN:

1 große Pellkartoffel (ca. 200g, vom Vortag)
1 TL scharfes Paprika-Pulver
10 Rosmarinnadeln
1 Zweig Thymian
1 Msp. Pfeffer
½ TL Kreuzkümmel, gemahlen
2 EL Olivenöl
Salz

LIMETTEN-AIOLI:

6 EL vegane Mayonnaise
1-2 Knoblauchzehen, frisch gerieben
2 TL Limettensaft
abgeriebene Schale einer halben Limette

KRÄUTER-KNOBLAUCH-OLIVEN:

2 Knoblauchzehen
1 Handvoll Pinienkerne
2 Zweige Thymian
1 Zweig Rosmarin
2 EL Olivenöl
1 Stück gegrillte Paprika (aus dem Glas)

1 EL hellen Essig
150g Kalamata-Oliven

PIMIENTOS

100g Bratpaprika
1 Rosmarinzweig
2 EL Olivenöl
1 TL grobes Meersalz

BALSAMICOZWIEBELN

1 große rote Zwiebel
1 Rosmarinzweig
3 EL Pflanzenöl
¼ TL Salz
1 TL Zucker
2 EL dunkler Balsamicoessig

GEFÜLLTE CHAMPIGNONS

12 Champignons

4 EL Olivenöl + 1 EL zum Einreiben
3 EL Paniermehl
2 EL gehackte Petersilie
2 EL Pinienkerne
1 EL Tomatenmark
1 TL Knoblauchöl
¼ TL Salz

1. Ofen auf 220°C vorheizen.
2. Kartoffel würfeln. Rosmarin sehr fein schneiden, Thymian von den Stängeln zupfen.
3. Kräuter mit Gewürzen und Öl mischen und die Kartoffelwürfel unterheben.
4. Auf Backpapier im Ofen 10-12 Minuten backen.

1. Knoblauch in feine Scheibchen schneiden und zusammen mit den Pinienkernen und den ganzen Kräuterzweigen im heißen Öl goldbraun anrösten. Vom Herd nehmen.
2. Paprika in Stücke schneiden und mit Essig und den Oliven zum Knoblauch in die Pfanne geben. Gut durchmischen und in Schälchen füllen.

1. Die Zwiebel halbieren, den Strunk entfernen und halbe Ringe herunterschneiden.
2. Zusammen mit dem Rosmarinzweig in heißem Öl 3-4 Minuten anbraten, Zucker und Salz hinzugeben und 1-2 Minuten weiter brutzeln.
3. Zuletzt den Essig hinzugeben und von der Flamme nehmen.

1. Alle Zutaten in einer kleinen Schüssel verrühren. Passt besonders gut zu den Gewürzkartoffeln.

1. Die Pimientos (oder auch Bratpaprika) in einer sehr heißen Pfanne anbraten, bis sie anfangen zu pfeifen, leichte Blasen werfen und etwas „schrumpelig“ werden.
2. Das Meersalz hinzugeben und sofort servieren.

1. Ofen auf 200°C vorheizen.
2. Die Stiele vorsichtig von den Pilzköpfen trennen und fein hacken.
3. Mit 4 EL Olivenöl, Paniermehl, Petersilie, Pinienkernen, Tomatenmark, Knoblauchöl und Salz mischen.
4. Die Oberseite der Pilzköpfe vorsichtig in den Handflächen mit 1 EL Olivenöl einreiben und kopfüber auf ein Backblech oder in eine Auflaufform setzen.
5. Die Füllung auf den Pilzen verteilen und 10-15 Minuten backen.

TAGLIATELLE MIT MANGOLD, KRÄUTERSEITLINGEN UND TRÜFFELÖL

DIE PASTA:
300g Hartweizen-Tagliatelle

DIE SAUCE:
4 Stangen weißen Spargel
ca. 50g Mangold
4 schöne, große Kräuterseitlinge
1 EL gute Margarine oder 2 EL Öl
2 Zweige Thymian
Salz
Pfeffer
50ml Weißwein
8 Tropfen feines Trüffelöl mit weißem Trüffel

1. Die Pasta wie gewohnt in gut gesalzenem Wasser kochen.

2. Beim Abgießen etwa 150ml vom Wasser auffangen. (Nudeln nicht abschrecken!)

3. Während die Nudeln kochen, die Sauce zubereiten.

1. Das holzige Ende des Spargels entfernen und schälen.
In feine Scheiben schneiden.

2. Mangold (mit Stiel) und Pilze in feine Streifen schneiden.

3. Thymian zupfen.

4. Margarine oder Öl in einer große Pfanne erhitzen.

5. Gemüse, Pilze und Thymian 3-4 Minuten anbraten, salzen und pfeffern.

6. Mit Weißwein ablöschen. Kurz einreduzieren lassen.

7. Aufgefangenes Nudelwasser und Pasta hinzugeben und gut durchschwenken.

8. Trüffelöl unterheben und sofort servieren.

TIPP: Mit Cashew-Ricotta (siehe S.14) servieren.

GEBRATENER TOMATEN-CHILI-REIS MIT ERBSEN

DIE WÜRZPASTE:

1 kleine Tomate (ca. 120g)
1-2 Chilischoten oder 1 TL Sambal Oelek
2 Schalotten
1 Knoblauchzehe
2 EL helle Sojasauce
½ TL Salz

DER REIS:

3 EL Öl
400g gekochter Reis vom Vortag
1 Handvoll grüne Erbsen (TK)

Ein superschnelles Rezept, wenn noch etwas gekochter Reis vom Vortag übrig ist.

1. Tomate vierteln und entstrunken.

2. Zusammen mit den restlichen Zutaten im Mörser oder im Blitzhacker zu einer Paste verarbeiten.

1. Paste in 3 EL Öl anbraten. (Vorsicht, könnte etwas spritzen!) In der heißen Pfanne 1-2 Minuten reduzieren.

2. Reis dazugeben und 3-4 Minuten unter Rühren braten.

3. Nach etwa zwei Minuten Erbsen dazugeben.

ZWIEBELKUCHEN-WRAP

DIE AUBERGINE:

½ Aubergine
1 weiße Zwiebel
1 rote Zwiebel

Blättchen von zwei Zweigen frischem Majoran (alternativ ein wenig getrocknetes Kraut)
1 Prise Rauchsalz
1 Prise Paprikapulver
¼ TL Kümmel, gemörsert
Muskat
Salz

etwas Öl zum Braten

DIE BOHNENCREME:

8 EL weiße Riesenbohnen (aus der Dose)
2 EL Flüssigkeit aus der Bohnendose
4 EL Walnüsse oder Cashewkerne
3 EL Öl
1 Spritzer Zitrone
¼ TL Salz

DER WRAP:

2 Dürüm oder Tortilla-Wraps (Ø 30cm)
1 Bund Rucola

1. Die Aubergine in kleine Würfel schneiden.

2. Die Zwiebeln schälen, halbieren und in sehr feine Streifen schneiden.

3. Aubergine und Zwiebeln mit etwas Öl und Salz in einer heißen Pfanne unter Rühren 3-4 Minuten braten, bis sie weich sind.

4. Majoran dazugeben. Mit Rauchsalz, Paprikapulver, Kümmel und Muskat würzen.

1. Alle Zutaten fein pürieren.

1. Die Wraps leicht mit Wasser befeuchten und in einer beschichteten Pfanne von beiden Seiten kurz aufwärmen, bis der Teig schön geschmeidig ist.

Finish: 1. Die warmen Wraps mit der Bohnencreme bestreichen, die Auberginen-Zwiebelmischung darauf verteilen und mit frischem Rucola belegen.

2. Zum Essen in kleine Tortenstücke schneiden, aufrollen und in den Mund stecken. Oder klassisch wie einen Burrito zusammenrollen. Dafür die Füllung auf dem unteren Drittel des Teigfladens verteilen, die Seiten über der Füllung zusammenschlagen und dann alles fest zusammenrollen.

TIPP: Für eine knusprige Variante die Teigfladen zuerst in Tortenstücke schneiden und diese in heißem Öl schwimmend knusprig frittieren. Auf Küchenpapier abtropfen lassen, mit der Creme bestreichen und mit Auberginen-Zwiebelmischung und Rucola belegen.

MAKKARONI MIT WALNUSSSAUCE

DIE NUDELN:

300ml Wasser
1 TL Salz

250g Hörnchennudeln
10 getrocknete Kirschtomaten

DIE SAUCE:

250ml Wasser
100g Walnüsse
½ TL abgeriebene Schale einer Bio-Zitrone
1 Spritzer Zitronensaft
1 Zweig Majoran
½ TL Salz
4 EL Öl
2 Schalotten
1 Knoblauchzehe
1 TL helle Sojasauce

DAS FINISH:

5 Kirschtomaten
2 Handvoll junger Spinat
ein Paar Walnüsse
frischer Pfeffer aus der Mühle

1. Das Wasser mit dem Salz aufkochen.

2. Nudeln und Tomaten dazugeben und alles fünf Minuten kochen lassen.

1. Alle Zutaten für die Sauce in einen Mixbecher geben und fein pürieren.

2. Direkt zu den Nudeln ins kochende Wasser geben und alles auf kleiner Flamme köcheln lassen, bis die Nudeln gar sind und die Sauce schön cremig ist.

Finish: 1. Kirschtomaten halbieren und mit Spinatblättern und Walnüssen über die Pasta geben.

2. Etwas frischen Pfeffer darüber mahlen und sofort servieren.

TIPP: Eine schöne Abwandlung: Statt der getrockneten Tomaten passen auch getrocknete Aprikosen wunderbar. Hierfür Rucola und Chili als Finish verwenden.

ARMER AVOCADO-RITTER

DIE FÜLLUNG:
1 kleine Avocado
2 EL weiße Bohnen aus der Dose (Abtropfwasser nicht wegschütten! Siehe Seite 82)

8 Basilikumblätter
1 Stück gegrillte Paprika (aus dem Glas)
Salz
frischer Pfeffer aus der Mühle

DIE RITTER:
1 Tasse Reis- oder Hafermilch
½ TL Salz
4 EL Aqua Faba (schicker Name für das Abtropfwasser aus der Dose weißer Bohnen)
¼ TL edelsüßes Paprikapulver
1 Prise Kurkuma
4 EL Kichererbsenmehl (oder Maisstärke)

4 Scheiben Toast
2 EL Margarine

1. Avocado längs halbieren, ein großes Messer in den Kern schlagen und diesen mit einer leichten Drehbewegung entfernen. Das Fruchtfleisch mit einem großen Löffel aus der Schale lösen und zusammen mit den Bohnen in eine Schüssel geben. Mit einer Gabel grobstückig zerdrücken.

2. Basilikum in feine Streifen, Paprika in kleine Würfel schneiden. Beides unter die Avocado-Bohnen-Creme rühren und mit Salz und Pfeffer abschmecken.

1. Alle Zutaten in einen großen, tiefen Teller geben und mit einem kleinen Schneebesen gut verrühren.

1. Die Toasts entrinden. In die weichen Brotscheiben mit den Fingern mittig eine Mulde eindrücken, sodass ein etwa 1,5cm großer Rand stehenbleibt. (Wer mag, kann die Scheiben auch vorher rund ausstechen.)

2. Die Füllung auf zwei Scheiben verteilen und mit jeweils einer zweiten Scheibe abdecken. Die Ränder gut zusammendrücken.

3. Die gefüllten Brotscheiben zur angerührten Masse in den Teller geben, dabei darauf achten, dass alle Seiten gut bedeckt sind. Mindestens 5 Minuten einweichen lassen. Zwischendurch einmal wenden.

4. Margarine in einer Pfanne zerlassen und die gefüllten Ritter darin bei mittlerer Hitze von beiden Seiten knusprig braun braten.

TIPP: Die gefüllten Ritter machen auch süß eine sehr gute Figur. Dafür einfach etwas Zucker in die Kichererbsenmasse geben und die Gewürze weglassen. Statt der Bohnenfüllung nach Lust und Laune z.B. mit frischen Beeren, geriebenem Apfel und Rosinen oder Schokoladencreme füllen. Nach dem Braten nach Belieben mit Puderzucker, Kakao oder Zucker und Zimt bestreuen.

AUBERGINEN-KICHERERBSEN-BURGER

DER PATTY:

1 kl. Dose Kichererbsen
3 EL Abtropfwasser aus der Dose Kichererbsen
1 Handvoll Spinat (frisch oder TK)
1 Knoblauchzehe, gerieben
2 EL Kartoffelmehl
½ TL Salz
¼ TL Pfeffer
½ TL Koriander, gemahlen
Öl zum Braten

1. Die Kichererbsen abgießen, dabei das Wasser auffangen, davon 3 EL zusammen mit den restlichen Zutaten in ein hohes Gefäß geben und grobstückig pürieren. Alternativ alle Zutaten mit der Gabel bearbeiten.

2. Aus der Masse zwei Patties formen und in einer großen Pfanne in ausreichend Öl von jeder Seite etwa 4 Minuten braten.

DIE AUBERGINEN:

4 dicke Scheiben Aubergine
2 EL Kartoffelmehl
¼ TL Zimt
¼ TL Paprika
½ TL Salz

1. Alle trockenen Zutaten vermischen und die Auberginen in der Mehlmischung wenden.

2. Zu den Patties in die Pfanne geben und jede Seite bei mittlerer Hitze in etwa 4 Minuten goldbraun braten.

3. Während alles brät, die Sauce anrühren.

DIE SAUCE:

6 EL vegane Mayonnaise
2 EL Tahin (Sesampaste)
1 Spritzer Zitrone
etwas Salz

1. Alle Zutaten in eine Schüssel geben, gründlich verrühren und mit Salz abschmecken.

DAS FINISH:

2 Burger-Brötchen nach Wahl
2 EL süße Chilisauce
4 Scheiben Tomate
2 Salatblätter oder eine Handvoll junger Spinat

Finish: 1. Burger-Brötchen aufschneiden, eventuell kurz in der heißen Pfanne toasten.

2. Eine Seite mit Chilisauce, die andere mit Sesamsauce bestreichen. Mit Tomate, Salat, Aubergine und dem Kichererbsen-Patty belegen, zuklappen und genießen.

AUSTERNPILZ-SANDWICH

DIE PILZSCHNITZEL:

4 schöne Austernpilze
4 TL Mehl
6 EL Wasser
¼ TL Salz

4 EL Kartoffelpüreepulver
½ TL rosa Beeren (rosa Pfeffer), leicht zerstoßen

Öl zum Braten

DER SALAT:

4 schöne weiße Champignons
1 EL Walnussöl (alternativ Olivenöl)
1 Spritzer Zitrone
1 EL Walnüsse, leicht zerstoßen
Salz
Pfeffer

DAS FINISH:

4 Scheiben Sandwichtoast
1 EL Senf
2 EL Ketchup
2 EL vegane Mayonnaise
4 Scheiben Tomate
4 Scheiben Sandwichgurke

1. 1 TL Mehl auf einen flachen Teller geben. Die restlichen 3 TL mit Salz und Wasser verrühren.

2. Kartoffelpüreepulver und rosa Beeren in einer Schüssel mischen.

3. Pilze zuerst mit Mehl bestäuben, dann durch den flüssigen Teig ziehen.

4. Zum Schluss in der Kartoffel-Pfeffermischung wenden.

5. Öl in einer beschichteten Pfanne erhitzen und die Pilze darin von beiden Seiten knusprig und goldbraun braten.

1. Champignons in feine Scheiben schneiden und mit den restlichen Zutaten marinieren.

Finish: 1. Sandwichtoast nach Geschmack mit Senf, Ketchup und Mayonnaise bestreichen.

2. Mit Tomaten- und Gurkenscheiben, Champignonsalat und Pilzschnitzel belegen und zu zwei Sandwiches zusammenklappen. Sandwiches diagonal halbieren und sofort servieren.

BROKKOLI-BOULETTEN

Es muss nicht immer Fleischersatz sein. Gemüse macht definitiv die bessere Figur. Hier mal ganz deftig.

DIE BOULETTEN:

300g Brokkoli

2 EL Sojasauce
3 EL Speisestärke
4 EL Röstzwiebeln

150g gekochter (Vollkorn-)Reis (vom Vortag)

1 EL Senf
1 TL Paprikapulver
3 EL Paniermehl
½ TL Majoran, getrocknet
Salz
Pfeffer

Öl zum Braten

DIE ORANGEN-SENFSAUCE:

6 EL vegane Mayonnaise
1 EL Kornsenf
1 EL Orangenmarmelade
1 Spritzer Zitronensaft
Salz
Pfeffer

1. Den Brokkoli in einem kleinen Topf mit gut gesalzenem Wasser drei Minuten kochen.

2. Herausnehmen und kurz mit kaltem Wasser abschrecken.

3. Zusammen mit den restlichen Zutaten in der Küchenmaschine grobstückig zerkleinern und kräftig abschmecken.

4. Aus der Masse mit leicht angefeuchteten Händen 6-8 Bouletten formen und in reichlich heißem Öl von beiden Seiten leicht knusprig braun braten.

TIPP: Die Bouletten schmecken ganz einfach klassisch mit Senf, Ketchup oder der eigenen Lieblingssauce. Super sind sie auch im Burger. Dafür die Bouletten einfach etwas flacher formen.

Hier noch ein schnelles Rezept für ein feines, kaltes Sößchen, das auch wunderbar dazu passt:

1. Alles gut verrühren und mit Salz und Pfeffer abschmecken.

CAPELLINI MIT BREITEN BOHNEN UND TOMATEN-WALNUSS-SUGO

DIE ZUTATEN:
250g Capellini (Kochzeit 3 Minuten) oder andere dünne Pasta
200g breite Bohnen
Salz

DAS TOMATEN-WALNUSS-SUGO:
3 Tomaten
4 Zweige Thymian
1-2 Knoblauchzehen
4 EL Olivenöl
1 TL Zucker
½ TL Salz
4 EL Walnüsse

1. Wasser zum Kochen bringen.

2. Inzwischen Bohnen in Stücke schneiden.

3. Pasta und Bohnen ins gut gesalzene, sprudelnd kochende Wasser geben und gut umrühren. Bei Pasta mit längerer Garzeit die Bohnen erst drei Minuten vor Ende der Garzeit mit ins Wasser geben.

1. Tomaten vierteln, dabei den Strunk entfernen. Thymianblättchen vom Zweig streifen. Beides in einen hohen Mixbecher geben. Knoblauch, Öl, Zucker, Salz und Walnüsse dazugeben und alles fein pürieren.

2. Pasta und Bohnen abgießen, gut abtropfen lassen und beides zurück in den Topf geben.

3. Kaltes Tomaten-Walnuss-Sugo dazugeben, gut durchmischen und sofort servieren.

FRITTATA MIT PALMHERZEN

DIE FRITTATA:
120g Sprudelwasser
100g feines Kichererbsen-mehl (Gram Flour)
2 EL Bohnenwasser (siehe Seite 82)
4 EL Olivenöl
1 TL Essig
½ TL Backpulver
½ TL Paprikapulver
½ TL Salz
Pfeffer aus der Mühle

DER BELAG:
2 gegrillte Paprika (ca. 80g)
60g Palmherzen aus dem Glas (alternativ Artischo-cken)
1 Stück Frühlingslauch
2 EL Wachtelbohnen oder eine andere Sorte, aus dem Glas (Wasser nicht wegschütten!)

Öl zum Braten

Ofen auf 200°C vorheizen, wenn möglich Oberhitze.

1. Alle Zutaten kräftig zu einem flüssigen Teig verrühren. Das geht am flottesten mit dem Pürierstab, oder (etwas langsamer) mit Muskelkraft und Schneebesen.

1. Paprika und Palmherzen kleinschneiden, Frühlingslauch in Ringe schneiden.

2. Mit den Wachtelbohnen und dem Kichererbsenteig verrühren.

3. Öl in einer ofenfesten, beschichteten Pfanne erhitzen

4. Die Masse hineingeben und bei kleiner Hitze 4-5 Minuten backen, bis der Rand sichtlich gestockt ist.

5. Dann die Pfanne in den Ofen stellen und die Frittata 10-15 Minuten fertig backen.

6. Mit einem frischen Salat servieren.

GEFÜLLTE ZUCCHINI

Ein einfaches, aber überraschend leckeres Gericht!

DIE ZUCCHINI:
1 Zucchini, mittelgroß (etwa 250g)

DIE FÜLLUNG:
2 Scheiben Ciabatta (oder ein anderes Brot)
4 EL Olivenöl
5 zarte Rosmarin-Nadeln
2 Zweige Thymian
2 Salbeiblätter
8 Kalamata-Oliven, ohne Stein

DIE TOMATENCREME:
1 Tomate
2 EL Olivenöl
½ TL Zucker
¼ TL Salz
½ Bund Basilikum
2 getrocknete Tomaten

Den Ofen vorheizen auf 200°C.

1. Die Zucchini längs aufschneiden und mit einem Löffel das innere Kerngehäuse auslöffeln oder „auskratzen".

2. Gleichmäßig mit etwas Olivenöl einreiben, leicht salzen und beiseite stellen.

1. Das Brot grob zerpflücken und in einer Schüssel mit Öl und den gehackten Kräutern vermischen.

2. Anschließend in die ausgehüllten Zucchini-Schiffchen geben.

3. Auf einem Blech im Ofen etwa 10 Minuten garen.

4. Währenddessen die Tomatencreme zubereiten.

1. Die Tomate vierteln und den Strunk entfernen.

2. Zusammen mit den restlichen Zutaten in ein hohes Gefäß geben und mit einem Pürierstab fein pürieren.

TIPP: Wer mag, gibt noch etwas frische Chili und einen Spritzer Limette zur Tomatencreme und ergänzt die Füllung mit 4 grünen und 4 schwarzen kleingeschnittenen Oliven.

PULLED-PILZ-BURGER

ZUTATEN:
2 Burger-Brötchen

DIE PILZE:
200g Austernpilze
4 EL BBQ-Sauce
etwas Öl zum Braten

DIE RUCOLA-MAYONNAISE:
4 EL vegane Mayonnaise
1 Handvoll Rucola

4 Tomatenscheiben
4 dünne Zwiebelringe
4 Gewürzgurkenscheiben
1 EL Senf
1 Handvoll Blattsalate

1. Die Austernpilze entlang der Lamellen in feine Streifen zupfen und anschließend in einer heißen Pfanne in etwas Öl 2-3 Minuten hellbraun braten. Leicht salzen. BBQ-Sauce zugeben und kurz schwenken.

2. Die Burger-Brötchen halbieren und auf der Schnittseite in einer Pfanne, auf dem Grill oder im Toaster toasten. (Das schmeckt gut und verhindert, dass der Burger all zu schnell matschig wird).

3. Den Rucola grob schneiden und mit der Mayonnaise verrühren.

4. Die Brötchen-Unterseiten großzügig mit Rucola-Mayonnaise bestreichen, Salatblätter darauf verteilen, dann die Pilze, Tomatenscheiben, Gurkenscheiben und Zwiebelringe.

5. Die Deckel mit Senf bestreichen und auf die Burger setzen.

6. Zum Garnieren einfach etwas dekoratives Gemüse auf einen Holzspieß stecken.

TIPP: Wer keine gekaufte BBQ-Sauce verwenden möchte, kann sich auch einfach schnell selbst eine zusammenrühren. Dazu einfach 100g Ketchup, 1 TL schwarzen Pfefferschrot, 1 Prise Rauchsalz, 3 EL Mangopüree und 3 EL Sojasauce verrühren, fertig!

ZITRONEN-GNOCCHI MIT ROTEN ZWIEBELN, GRÜNEN BOHNEN UND MINZE

DIE GNOCCHI:
1 kleine rote Zwiebel
100g grüne Bohnen
8 Kirschtomaten

2 EL Olivenöl zum Braten
Salz

300g Gnocchi (Pasta- oder Kühlregal)
1 TL indisches Mango-Chutney, scharf
50ml Weißwein

½ Bio-Zitrone
200ml Gemüsebrühe
½ TL Salz

DAS FINISH:
1 Stange Frühlingslauch
½ frische Peperoni
1 kleines Bund Minze
1 EL Margarine
frischer Pfeffer aus der Mühle

1. Die Zwiebel schälen und in feine Ringe schneiden.

2. Die Bohnen längs halbieren oder in Stücke schneiden, Kirschtomaten halbieren.

3. Alles in einer beschichten Pfanne in heißem Olivenöl 3 Minuten anbraten, dabei immer wieder durchschwenken. Leicht salzen.

4. Gnocchi und Mango-Chutney dazugeben und eine Minute braten. Mit Weißwein ablöschen.

5. Schale von der Zitrone abreiben und den Saft auspressen, beides zusammen mit Brühe und Salz zu den Gnocchi in die Pfanne geben. Alles 3-4 Minuten köcheln lassen.

Finish: 1. Frühlingslauch und Peperoni in Ringe schneiden, Minze in feine Streifen.

2. Alles zusammen mit der Margarine in die Pfanne geben und einmal kurz durchschwenken.

3. Mit frischem Pfeffer bestreuen und sofort servieren.

GRÜNE ERBSEN-KNUSPERECKEN

DIE FÜLLUNG:

200g grüne Erbsen (TK, aufgetaut)
250g Kartoffeln (vom Vortag)
1 Msp. Muskatnuss
Salz und Pfeffer
1 EL Margarine
½ TL Speisestärke
2 Zweige Majoran, gezupft
1 kleines Bund Schnittlauch fein geschnitten

DER STRUDEL:

2 Strudelteigblätter
Öl zum Braten

1. Alle Zutaten in eine Schüssel geben und mit der Gabel zerdrücken.

2. Mit Salz und Pfeffer abschmecken.

1. Strudelblätter übereinander legen und in vier gleich große Rechtecke schneiden.

2. Die Füllung darauf verteilen und alles zu vier Päckchen wickeln. Hierfür die Teigblätter jeweils rechts und links über die Füllung schlagen und dann von vorne zuklappen.

3. Ausreichend Öl in einer Pfanne erhitzen und die Päckchen darin von allen Seiten knusprig braun braten.

RÖSTI MIT ORANGENCREME

DIE RÖSTI:
2 mittelgroße Kartoffeln (ca. 140g)
¼ TL Salz
2 TL Speisestärke
1 Prise Zucker

Öl zum Braten

DIE ORANGENCREME:
8 EL Kichererbsen
4 EL Olivenöl
4 EL Orangensaft
2 Prisen Salz

DER ROTKOHLSALAT:
150g Rotkohl
½ Apfel
2 Prisen Salz
1 EL Essig
2 EL Olivenöl
1 Prise Zucker
1 kleines Bund Petersilie

1. Die Kartoffeln gründlich waschen und mit Schale auf der groben Seite der Reibe raspeln.

2. Mit den Händen das Wasser aus den geriebenen Kartoffeln drücken, Salz, Stärke und Zucker dazugeben und alles gründlich vermischen.

3. Ausreichend Öl in einer beschichteten Pfanne erhitzen und vorsichtig die mit den Händen geformten Rösti hineingeben. Evtl. mit einem Löffel noch etwas in Form bringen. Bei mittlerer Hitze von jeder Seite ca. 3 Minuten knusprig goldbraun braten. Auf Küchenpapier abtropfen lassen.

4. Während die Rösti braten, die Orangencreme zubereiten.

1. Alles in einem hohen Gefäß mit dem Pürierstab fein pürieren, lecker abschmecken und zu den Rösti servieren.

Wer Zeit und Lust hat, kann noch diesen wunderbaren Rotkohlsalat dazu bereiten:

1. Den Rotkohl und den Apfel fein reiben oder hobeln.

2. Mit Salz, Essig, Öl und Zucker würzen und kräftig mit den Händen durchkneten.

3. Petersilie von den Stängeln zupfen, in Streifen schneiden und dazugeben.

GEGRILLTE WASSERMELONE MIT BBQ-BROT UND LIMETTEN-SAFRAN-MAYO

DIE LIMETTEN-SAFRAN-MAYO:
6 EL vegane Mayonnaise
abgeriebene Schale einer Limette
2 Spritzer Limettensaft
3 Msp. gemahlener Safran (0,125 Gramm)

DIE MARINADE:
1 EL helle Sojasauce
2 EL neutrales Rapsöl
1/4 TL Paprikapulver
1/8 TL Currypulver

DAS TÜRMCHEN:
4 Scheiben Wassermelone, ca.1,5cm dick
4 Scheiben Ciabatta, ca. 2cm dick
6 gelbe Kirschtomaten
Salz

1. Alle Zutaten zu einer schönen, gelben Mayonnaise verrühren.

1. Eine gusseiserne Grillpfanne erhitzen.

2. Für die Marinade die Sojasauce mit den restlichen Zutaten in einer Schüssel verrühren. Die Brote nacheinander von beiden Seiten kurz in die Marinade tunken.

3. Ciabatta, Kirschtomaten und Melonenscheiben in der Grillpfanne (oder direkt auf dem Grill) von allen Seiten grillen, Tomaten salzen und alles sofort mit der Mayo servieren.

KAROTTEN-KÜRBIS-BOLOGNESE

DIE BOLOGNESE:

100g Kürbis (Hokkaido oder Butternuss)
2 Karotten
1 kleine rote Zwiebel
1cm Ingwer
1-2 Knoblauchzehen
3 EL Olivenöl

2 EL Tomatenmark
1 Prise Rohrzucker
50ml Rotwein
1 TL Paprikapulver
1 TL Oregano, getrocknet
½ TL Basilikum, getrocknet
½ TL Thymian, getrocknet
1 EL dunkler Balsamicoessig
200ml Gemüsebrühe

1. Den Kürbis, die Karotten und die Zwiebel grob schneiden und in der Küchenmaschine nicht zu fein zerhäckseln. (Alternativ Zwiebel würfeln und Kürbis und Karotten auf einer groben Reibe raspeln.)

2. Ingwer und Knoblauch fein reiben.

3. Alles in Olivenöl 3 Minuten anbraten.

4. Das Tomatenmark und den Zucker zugeben, alles gut durchrühren und weitere 30 Sekunden anbraten.

5. Rotwein, Paprikapulver, Kräuter und Essig dazu geben und eine Minute einköcheln lassen. Gemüsebrühe hinzugeben und alles 5 Minuten köcheln lassen.

6. Dazu gibt es natürlich die Herzens-Pasta!

TIPP: Ein paar geröstete Kürbiskerne und feine Scheibchen Champignons ergeben ein tolles Topping.

KARTOFFELGRÖSCHTL MIT KRÄUTERSEITLINGEN

DAS GRÖSCHTL:

2 große Kartoffeln (mit Schale)
1 kleine rote Zwiebel
6 EL neutrales Öl (Raps, Sonnenblumen o. Ä.)

Salz
Pfeffer
Muskat

2 Gewürzgurken

DIE PILZRAHMSAUCE:

150g frische gemischte Pilze (Kräuterseitlinge, Steinpilze, Champignons, Pfifferlinge o. Ä.)
2 EL feine Schalotten- oder Zwiebelwürfel

2 EL Margarine oder Olivenöl
4cl Weißwein
100ml Gemüsebrühe
1 TL Speisestärke
80ml Hafersahne
1 EL fein gehackte Petersilie oder Schnittlauch

1. Kartoffeln gründlich waschen, evtl. abbürsten. Mitsamt Schale grob raspeln. Zwiebel in feine Streifen schneiden.

2. Öl in einer beschichteten Pfanne erhitzen, die geriebenen Kartoffeln und Zwiebeln zunächst ohne zu Rühren bei mittlerer Hitze leicht goldbraun rösten. Dann vorsichtig etwas vermengen und wenden. Sie sollen schön knusprig werden und nicht so stark zusammenkleben. Noch nicht salzen.

3. Wenn die Kartoffeln gar sind und die Zwiebeln weich, alles mit Salz, Pfeffer und Muskat abschmecken.

4. Gewürzgurken kleinschneiden und zum Gröschtl reichen.

TIPP: Lecker z. B. mit knackigem Salat und einem cremigen Dressing, oder einfach mit Remouladensauce.

Auch eine deftige Pilzrahmsauce passt wunderbar dazu:

1. Die geschnittenen Pilze und die Schalottenwürfel 3-4 Minuten unter Rühren in heißem Fett anbraten.

2. Mit Weißwein ablöschen und kurz einköcheln lassen. Gemüsebrühe zugeben und 2 Minuten kochen lassen.

3. Sahne und Stärke in einer kleinen Schüssel gut verrühren und mit einem Schneebesen in die kochende Sauce rühren. Eine Minute unter Rühren weiter köcheln lassen.

4. Mit Kräutern bestreuen und sofort servieren.

LINGUINE MIT ORANGE & MINZE

DIE PASTA:
ca. 200g Linguine oder Spaghettini
Salz

Olivenöl

1 kleine Zwiebel
1 große Fleischtomate
2 dünne Scheiben kerniges Vollkornbrot, grob zerbröselt
¼ TL Salz
1 Prise Zucker
2 EL Tomatenmark
½ TL Paprikapulver

4cl Rotwein

6 EL passierte Tomaten

DAS FINISH:
1 Bio-Orange
¼ – ½ frische Chilischote
1 Handvoll frische Minzblätter
1 Handvoll glatte Petersilienblätter

1. Pasta wie gewohnt in gut gesalzenem Wasser kochen. (Evtl. Wasser im Wasserkocher zum Kochen bringen und dann in den Topf schütten, z.B. bei langsamen Elektroherden.)

2. Abgießen und gut abtropfen lassen. Dabei etwa eine Tasse des Nudelwassers aufheben.

3. Nudeln zurück in den Topf geben und mit etwas Olivenöl durchschwenken.

4. Während die Nudeln kochen, Zwiebel und Fleischtomate würfeln.

5. 4 EL Olivenöl in einer Pfanne erhitzen und die Zwiebelwürfel darin glasig anschwitzen, Tomatenwürfel, Brot, Salz, Zucker, Tomatenmark und Paprikapulver dazugeben und eine Minute durchschwenken.

6. Mit Rotwein ablöschen. Passierte Tomaten und Nudelwasser dazugeben und alles vier Minuten köcheln lassen.

Finish: 1. Von der Orange einen Teelöffel Schale abreiben, die Frucht filetieren und die Chilischote in feine Ringe schneiden.

2. Alles zusammen mit der Pasta und den Kräutern unter die Sauce heben und sofort servieren.

MINI-PIZZA

DIE MINI-PIZZA:
1 frische Tomate
4 getrocknete Tomaten in Öl
2 EL Öl aus dem Glas der Tomaten
¼ TL Salz
¼ TL Zucker
1 kleine Knoblauchzehe
Blätter von zwei Zweigen Oregano oder ½ TL getrocknetes Kraut

DER BELAG NACH WUNSCH, Z.B.:
1 kleine Zucchini
eine Handvoll Kirschtomaten
eine Handvoll Oliven ohne Stein

DIE KEESE-CREME:
100g weiche Margarine
1 TL helle Miso-Paste
1 Spritzer Essig
4 gehäufte EL Kartoffelmehl
2 EL Hefeflocken
½ TL Salz

DAS FINISH:
1 Rolle fertigen Pizzateig aus dem Kühlregal
2 EL Knoblauchöl

Bitte beachten, dass zur kurzen Vorbereitungszeit noch die Backzeit im Ofen hinzukommt.

Ofen auf 220°C vorheizen.

1. Tomate vierteln und entstrunken. Mit den restlichen Zutaten in ein hohes Gefäß geben und mit dem Pürierstab fein pürieren.

1. Zucchini in Scheiben schneiden, Kirschtomaten halbieren.

1. Alle Zutaten im Mixer oder mit dem Schneebesen schön glatt rühren.

Finish: 1. Teig mit dem Messer in 12 Stücke teilen oder mit einem Glas (oder Ausstecher) Kreise ausstechen. Auf ein mit Backpapier ausgelegtes Blech legen.

2. Auf jedes Stück etwas Tomatensauce streichen, mit Gemüse und Oliven belegen, zum Schluss die Keese-Creme und das Knoblauchöl darüber klecksen. Im heißen Ofen 10-12 Minuten goldbraun und knusprig backen.

Eine etwas aufwändigere Variation - „Spargel-Nuss-Quiche“ findet ihr auf der nächsten Seite!

SPARGEL-NUSS-QUICHE

DIE SPARGEL-NUSS-QUICHE:
5 Stangen weißen Spargel, geschält
1 EL Olivenöl
Salz
1 Prise Zucker

1 EL gehobelte Haselnüsse

Hierfür die Keese-Creme mit zusätzlich 2 EL Walnussöl und ½ EL Kartoffelmehl zubereiten und am Ende 2 EL gehackte Walnüsse unterheben.

1. Pizzateig in 12 Teile schneiden.

2. Spargel längs halbieren und auf die Länge der Teigstücke bringen. Mit Öl einreiben, leicht salzen und zuckern. Jedes Teigstück mit etwas Creme bestreichen, dann Spargel darauf verteilen und mit den Haselnüssen bestreuen.

3. Im heißen Ofen goldbraun backen. Nach dem Backen etwas Pesto auf den Stücken verteilen oder mit etwas Olivenöl beträufeln.

TIPP: Wer häufig und gern zu Hause Pizza macht, sollte definitiv über die Anschaffung eines Pizzasteins nachdenken. Auf ihm wird die Pizza superknusprig, fast wie aus dem Steinofen, und bäckt nur etwa 5-7 Minuten. Der Stein wird bei höchster Temperatur (250°C Ober- und Unterhitze) etwa 30-60 Minuten vorgeheizt, bevor die Pizza mithilfe einer Schaufel oder eines Holzbrettes draufgeschoben wird. Super auch für Flammkuchen.

PIZZATEIG

Wer Lust und Zeit hat, kann natürlich den Pizzateig selber machen. Ganz unkompliziert mit getrockneter Hefe

DER PIZZATEIG:
500g Mehl (Typ 00 oder 550)
1 Beutel Trockenhefe
2 TL Salz
4 EL Olivenöl
290ml warmes Wasser

1. Alle trockenen Zutaten in einer Schüssel mischen.

2. Olivenöl und Wasser hinzugeben und alles mit den Händen zu einem geschmeidigen Teig verkneten. Das kann schon mal 10 Minuten dauern.

3. Zugedeckt an einem warmen Ort mindestens ein bis zwei Stunden gehen lassen.

4. Nochmal gut durchkneten, portionieren, ausrollen und belegen. (Noch luftiger wird der Teig, wenn er nach dem Portionieren und Kneten nochmal mindestens zwei Stunden gehen darf.)

POLENTA MIT GRÜNEN BOHNEN & KIRSCHEN

DIE POLENTA:

320ml Wasser
75g Polenta
½ TL Salz
3 EL Olivenöl + 3 EL zum Anrichten
1½ TL rosa Pfefferkörner (rosa Beeren), leicht zerstoßen

DIE BOHNEN:

150g grüne Bohnen
2 EL Öl
Salz
1 Schluck Brühe
15 Kirschen, entsteint

DIE MARONENCREME:

50g Maronen, gekocht und vakuumiert
2cl Orangensaft
2cl Kaffee
1 Prise Salz

1. Wasser mit Salz und Olivenöl zum Kochen bringen. Die Polenta unter Rühren einstreuen und 10 Minuten leise köcheln lassen. Zwischendurch immer wieder umrühren.

2. Zum Schluss rosa Pfeffer dazugeben.

1. Inzwischen die Bohnen in kleine Ringe schneiden und in Öl leicht anbraten. Salzen.

2. Etwas Brühe angießen und leicht köcheln, bis die Bohnen weich sind, aber noch Biss haben.

3. Kirschen dazugeben und alles mit der cremigen Polenta anrichten.

4. Mit dem restlichen Olivenöl beträufeln und sofort servieren.

TIPP: Wer noch etwas Zeit übrig hat, kann noch eine leckere Maronencreme dazu zubereiten: Alle Zutaten im Blitzhacker oder mit dem Pürierstab zu einer feinen Creme pürieren.

DESSERTS

ANANAS-TOAST-TARTIN

DIE ZUTATEN:
2 Scheiben Sandwichtoast
100ml Kokosmilch
1 geh. TL Speisestärke
1 EL Zucker
1 Prise Zimt (optional)

DAS FINISH:
4 EL brauner Zucker
1 EL Wasser
2 Scheiben frische Ananas (ohne Strunk)
1 EL Margarine

1. Kokosmilch in einem tiefen Teller mit Stärke, Zucker und evtl. Zimt verrühren.

2. Toastbrot hineinlegen und 5 Minuten gut bedeckt in der Mischung ziehen lassen.

1. Zucker und Wasser in einer großen Pfanne schmelzen und bei mittlerer Hitze karamellisieren lassen.

2. Ananasscheiben hineingeben.

3. Jeweils eine abgetropfte Toastscheibe auf die Ananasscheiben legen.

4. Margarine in die Pfanne geben und Deckel aufsetzen. 4-5 Minuten bei kleiner Hitze schmoren lassen. Deckel abnehmen und beide Toasts mit einem Pfannenwender vorsichtig umdrehen. (Achtung, heißes Karamell!) Eine Minute bei mittlerer Hitze braten.

5. Herausheben, mit dem restlichen Karamell beträufeln, eventuell mit Puderzucker bestäuben und mit frischen Himbeeren und Minze garnieren.

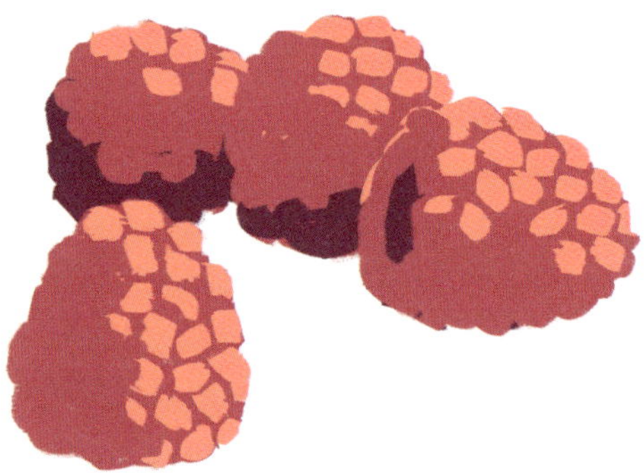

ERDBEER-KOKOS-SHAKE MIT MINZCOOKIES

DIE COOKIES:

5 Datteln
15 ganze Mandeln
8 Blatt Minze
1 Prise Koriander, gemahlen

DER SHAKE:

200g Erdbeeren (entspricht ca. 6 schönen, großen)
100ml Kokosmilch
2cl Kirschlikör (z. B. Maraschino), optional
4 Datteln, entsteint
80ml Orangensaft
50-80ml Wasser
2 besonders schöne Erdbeeren zum Garnieren

DAS FINISH:

10 Eiswürfel

1. Alles im Schnellzerkleinerer mixen, bis sich die Masse gut verbunden hat. Alternativ mit einem großen Messer klein hacken und in einer Schüssel verkneten.

2. Mit den Händen 4 kleine Cookies formen.

1. Erdbeeren waschen und putzen.

2. Zusammen mit den restlichen Zutaten im Blender oder mit dem Pürierstab fein pürieren. Je nach gewünschter Konsistenz etwas mehr oder weniger Wasser zugeben.

Finish: 1. Den Shake mit den Eiswürfeln in Gläser gießen und eine Erdbeere als Deko an den Gläserrand stecken.

2. Die Minzcookies dazu reichen.

APPLE CRUMBLE

DIE ÄPFEL:

1 EL Rosinen
2 EL brauner Rum
2 EL Apfelsaft
2 kleine Äpfel

DAS CRUMBLE:

1 EL Margarine
3 TL Roh-Rohrzucker
4 EL zarte Haferflocken
1 Prise Zimt
3 Haferkekse

1. Rosinen in einem kleinen Glas mit Rum und Apfelsaft übergießen.

2. Äpfel schälen und in Würfel schneiden.

1. Margarine in einer Pfanne zerlassen, Zucker dazugeben und schmelzen lassen.

2. Haferflocken mit einem Holzlöffel einrühren und karamellisieren lassen.

3. Äpfel, Zimt und eingeweichte Rosinen samt Flüssigkeit hinzufügen und auf kleiner Flamme weiterrühren, bis die Äpfel weich sind.

4. Kekse darüber krümeln. Gut vermischen.

5. Schmeckt warm am besten.

Ein Traum dazu: eine Kugel Vanilleeis.

CRÊPES SUZETTE

DIE CRÊPES:
250ml Milchalternative (Reis- oder Hafermilch)
50ml Sprudelwasser
150g Mehl
50g Stärke
2 EL Zucker
1 Prise Salz
2 EL flüssige Margarine

Öl oder Margarine zum Braten

DIE ORANGENSAUCE:
4 EL Orangenmarmelade
100ml Orangensaft
1 Messerspitze Vanille
2 TL gute Margarine
4cl Grand Marnier (Orangenlikör)
evtl. etwas Puderzucker und frische Minze

1. Alle Zutaten in ein hohes Gefäß geben und mit dem Pürierstab gut verrühren.

2. Eine große, beschichtete Pfanne mit Hilfe eines Papiertuchs einfetten und erhitzen.

3. Crêpemasse portionsweise hineingeben. Dabei den Teig durch Drehen der Pfanne gleichmäßig und möglichst dünn verteilen. Von jeder Seite 1-2 Minuten backen lassen. Wer den „Crêpe-Wende-Pfannenschwung" nicht beherrscht, kann den Crêpe auch mit einer Palette oder einem großen Teller wenden.

4. Auf diese Weise 4-6 Crêpes herstellen.

1. Marmelade, Saft, Vanille und Margarine in die Pfanne geben und kurz aufkochen lassen.

2. Grand Manier dazugeben und optional mit einem Feuerzeug flambieren. (Auf eigene Gefahr. Vorsicht, Augenbrauen!)

3. Die Crêpes zweimal falten und kurz in der Sauce schwenken. Auf Teller verteilen, nach Lust und Laune Puderzucker durch ein feines Sieb darüber streuen und mit Minze servieren.

TIPP: Natürlich gehören eigentlich noch ein paar Orangenfilets dazu, da sie aber den zeitlichen Rahmen sprengen würden, habe ich sie einfach weggelassen. Wer genug Zeit hat, kann das natürlich ändern. Dafür von einer Orange mit einem scharfen Messer „den Deckel" und „den Boden" wegschneiden, sodass die Frucht sicher auf dem Schneidebrett steht. Dann mit dem Messer die Schale in Streifen so herunter schneiden, dass nur noch das Fruchtfleisch zu sehen ist, die weiße Haut also komplett entfernt ist. Nun die Orange in die Hand nehmen und einfach reihum die Filets aus den Trennhäuten schneiden.

ERDBEER-STRUDEL

DIE ZUTATEN:
4 Portionen

200g Erdbeeren
100g Marzipan
4 TL Erdbeermarmelade
2 EL gehobelte Mandeln

2 Strudelteig-Blätter
2 EL gute Margarine
etwas Puderzucker

1. Erdbeeren waschen, putzen, je nach Größe vierteln oder achteln und in eine Schüssel geben.

2. Das Marzipan in kleine Stücke zupfen und dazugeben.

3. Mit Mandeln und Erdbeermarmelade vermengen.

4. Strudelteig-Blätter übereinanderlegen und mit einem großen Messer in vier gleich große, rechteckige Stücke schneiden.

5. Jeweils ein Viertel der Füllung darauf verteilen, die Seiten rechts und links über der Füllung zusammenschlagen und alles von unten beginnend zu kleinen Strudeln zusammenrollen.

6. Margarine in einer großen Pfanne erhitzen.

7. Die Strudel mit der offenen Seite nach unten in die Pfanne legen, leicht andrücken. Von allen Seiten knusprig braun braten.

8. Noch warm mit Puderzucker bestäuben.

DATTELN MIT WALNUSS UND SCHOKOLADE

DIE ZUTATEN:
8 große weiche Medjool-Datteln
100g Zartbitterschokolade
8 schöne Walnüsse

DAS FINISH:
1 Handvoll Walnüsse

1. Die Datteln an einer Seite längs aufschneiden, den Kern herausnehmen und anstelle des Kerns eine Walnuss in die Dattel stecken.

2. In der Zwischenzeit die Schokolade im Wasserbad schmelzen.

1. Walnüsse hacken und die Datteln mit der Schnittseite zuerst in die flüssige Schokolade tunken, dann in die gehackten Walnüsse drücken.

2. Auf einem Stückchen Backpapier im Kühlschrank fest werden lassen, anschließend je nach Geschmack in Scheiben schneiden.

ENGLISCHER BROTPUDDING MIT BEEREN

ZUTATEN:

250ml Reis-, Hafer-, oder Mandelmilch
3 EL Speisestärke
3 EL Zucker
1 Prise gemahlene Vanille (alternativ 3 EL Vanillepuddingpulver)
1 Prise Kurkuma

1 EL Zucker
½ TL Zimt

6 Scheiben Sandwich-Toast
3 EL weiche Margarine

40g Heidelbeeren
40g Brombeeren
40g Himbeeren
40g Erdbeeren

Der Britische Klassiker, etwas neu aufgelegt. Ein absolutes Gedicht!
Während der Brotpudding im Ofen ist und anschließend abkühlt, hat man genug Zeit um eine Vorspeise und einen Hauptgang für ein schönes 3-Gänge-Menü zu zaubern. Dann reicht es auch locker für vier Personen.
Bitte beachten, dass zur Vorbereitungszeit von ca. 10 Minuten für dieses Rezept noch die Garzeit im Ofen dazukommt.

Den Ofen vorheizen auf 200°C.

1. Für die Pudding-Milch-Mischung alle Zutaten mit dem Schneebesen gut verrühren.

2. Zucker und Zimt in einer kleinen Schüssel mischen.

3. Die Toastscheiben entrinden, mit der Margarine bestreichen und schichtweise in eine Auflaufform legen. Auf jede Schicht etwas von der Milchmischung gießen und alles mit den Beeren belegen.

4. Bei 200°C für ca. 20-25 Minuten backen, bis die Oberfläche schön goldbraun ist.

5. Noch warm mit der Zucker- und Zimtmischung bestreuen.

6. Schmeckt warm oder kalt.

ERDBEER-PAPAYA-SMOOTHIE

DIE ZUTATEN:
200g Erdbeeren
100g schöne, reife Papaya
Saft einer ½ Limette
50ml naturtrüber Apfelsaft
2 EL Agaven- oder Ahornsirup

1. Alle Zutaten im Blender oder mit dem Pürierstab feincremig pürieren.

2. Sofort servieren, nach Belieben mit etwas Eis.

TIPP: Wer mag, gießt das Ganze mit etwas Sekt auf und hat einen frischen Aperitif.

ERDNUSS-REIS-PUFFS

DIE ZUTATEN:
150g Zartbitterschokolade
4 Reiswaffeln, ohne Salz
8 EL Erdnüsse, geröstet und gesalzen
2 EL dicker Karamellsirup
1 Msp. Vanille, gemahlen

1. Schokolade im Wasserbad schmelzen, Reiswaffeln grob zerkrümeln und mit der flüssigen Schokolade und den restlichen Zutaten vermischen.

2. Mit einem Teelöffel kleine Häufchen auf ein mit Backpapier ausgelegtes Blech setzen.

3. Im Kühlschrank fest werden lassen.

TIPP: Wer mag, kann die Erdnuss-Reis-Puffs mit weißer Reismilchschokolade, oder einer anderen veganen weißen Schokolade, verzieren. Dazu die Schokolade schmelzen und mit einem Löffel feine Linien über die Reispuffs ziehen.

GURKEN-MINZ-LIMO

DIE ZUTATEN:

1 kleine Gurke
4 EL Rohrzucker
Saft einer Zitrone
10 Minzblätter
1 Liter Sprudelwasser
Eiswürfel

1. Gurke schälen und in Stücke schneiden.

2. Mit Zucker, Zitronensaft und Minze im Blender oder mit dem Pürierstab fein mixen.

3. In einen Krug geben, mit Sprudelwasser auffüllen und mit Eiswürfeln servieren.

KANDIERTE WALNÜSSE

Bitte beachten, dass zur kurzen Zubereitungszeit noch die Backzeit im Ofen dazukommt.

DIE ZUTATEN:

200g Walnüsse
2 gehäufte EL Puderzucker
2 EL Wasser
1 Prise Zimt
1 Prise Koriander, gemahlen

Ofen auf 180°C vorheizen.

1. Alle Zutaten in einer Schüssel vermischen.

2. Anschließend auf einem mit Backpapier ausgelegten Backblech verteilen und etwa 8 Minuten im Backofen rösten.

150g weiße Schokolade (Reismilchschokolade oder eine andere vegane Alternative)
3 EL Goji-Beeren, gehackt

1. Die Schokolade im Wasserbad schmelzen, Goji-Beeren unterrühren.

2. Die gerösteten Walnüsse dazugeben, gut mit der Schokolade vermischen, zurück auf das Backpapier legen und abkühlen lassen.

MANDARINEN-SALBEI-LIMONADE

DIE ZUTATEN:

6 Mandarinen, unbehandelt
5 EL brauner Rohrzucker
15 Salbeiblätter
1 Liter Sprudelwasser (je nach gewünschter Süße auch etwas mehr)
10 Eiswürfel

1. Den Saft von 4 Mandarinen auspressen.

2. Die restlichen 2 Mandarinen heiß abwaschen, in Stücke schneiden und mit Zucker und Salbeiblättern in einen Krug geben.

3. Mit einem Stößel gut vermengen, dabei die Mandarinenstücke kräftig zerstoßen, sodass der Saft austreten kann.

4. Den ausgepressten Saft dazugeben, mit Sprudelwasser aufgießen und 5 Minuten ziehen lassen.

5. Eiswürfel dazugeben und sofort servieren.

MATCHA-KOKOSKUGELN

ZUTATEN:
2 gehäufte EL Kokosflocken + 2 EL zum Wälzen
100g Walnüsse
8 weiche, getrocknete Aprikosen
1 TL Orangen- oder Zitronenschale
1 EL Zitronensaft
1 EL Agavensirup
1 TL Matcha-Pulver +
1 TL zum Wälzen

1. Alle Zutaten in der Küchenmaschine zerkleinern, bis sich alles gut verbunden hat und eine recht klebrige Masse entstanden ist.

2. Aus der Masse mit den Händen pralinengroße Kugeln formen.

3. Die restlichen Kokosflocken eventuell im Blitzhacker oder in der elektrischen Gewürzmühle (nicht zu lange) mahlen und mit dem restlichen Matcha-Pulver mischen.

4. Die Kugeln in der Matcha-Kokosmischung wälzen.

TIPP: Die Kugeln werden eher herb und behalten den natürlichen Charakter des Matchas bei. Wer es etwas süßer mag, ersetzt ein paar Aprikosen durch Datteln.

SÜSSE GNOCCHI MIT CURRY UND BANANE

DIE ZUTATEN:

200g Gnocchi
2 TL Zucker
1 TL Currypulver
1 Banane
1 EL Margarine
8 Walnüsse

Salz

1. Die Gnocchi in leicht gesalzenem Wasser 2 Minuten kochen, abgießen.

2. Inzwischen in einer großen Schüssel Zucker und Curry mischen.

3. Die Banane in Scheiben schneiden.

4. Margarine in einer beschichteten Pfanne zerlassen und die gekochten Gnocchi zusammen mit den Walnüssen kurz hellbraun und leicht knusprig anbraten. Sofort in die Schüssel mit der Curry-Zucker-Mischung geben und alles gut durchmischen.

5. Bananenscheiben in die noch heiße Pfanne geben und kurz erwärmen.

6. Zusammen mit den Curry-Nocken anrichten und sofort servieren.

TIPP: Für die Gnocchi kann ein Fertigprodukt aus dem Pasta- oder Kühlregal verwendet werden. Die meisten sind eifrei, aber zur Sicherheit lieber noch mal die Zutatenliste checken.

MISPELKOMPOTT

Ein sommerliches Kompott. Funktioniert auch prima mit frischen Nektarinen, Pfirsichen, Mirabellen oder Aprikosen.

DIE ZUTATEN:
250g frische Mispeln
1 Vanillestange oder Messerspitze gemahlene Vanille
2 Anissterne
1 Zimtstange
250ml Multivitaminsaft

1 gestrichener EL Stärke
4 EL Weißwein

1. Mispeln halbieren und vom Kern trennen.

2. Vanilleschote aufschneiden, das Mark herauskratzen und beides zusammen mit den anderen Gewürzen und dem Saft in einen Topf geben. Aufkochen.

3. In einer kleinen Schüssel die Stärke gut mit dem Weißwein verrühren und mit einem Schneebesen in die kochende Flüssigkeit geben.

4. Mispelhälften dazugeben und alles 5 Minuten auf kleiner Flamme köcheln lassen.

TIPP: Schmeckt kalt oder warm z. B. zu Vanilleeis, Crêpes, Panna Cotta, oder auch pur mit einem Klecks Schlagsahne. Bei Verwendung anderer, saurerer Früchte eventuell etwas Zucker dazugeben.

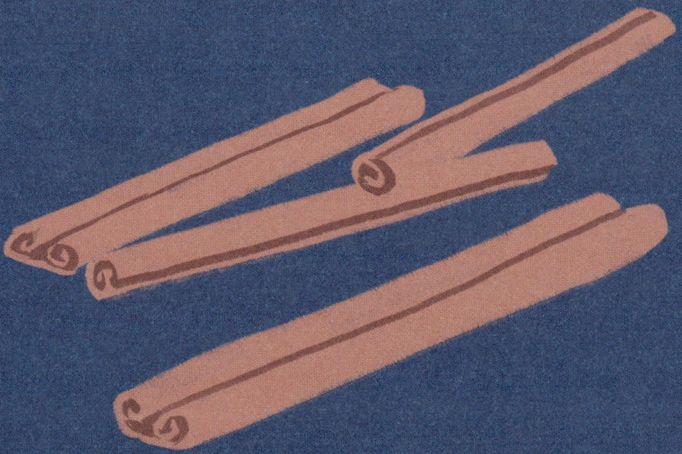

LA PETITE

ERDBEER-TRIFLE

Bitte beachten, dass zu der kurzen Zubereitungszeit noch die Kühlzeit von etwa 90 Minuten hinzukommt.

DIE ERDBEERCREME:
100g Erdbeeren
50g Margarine, geschmolzen
1 Msp. Vanille, gemahlen
1cl Maraschino (oder Kirschwasser)
40g Zucker

DAS FINISH:
4 runde (Hafer-)Kekse (optional glutenfrei)
1 gesüßter Espresso (alternativ 4 EL Kaffeelikör und 2 EL Ahornsirup)
2 schöne Erdbeeren zum Anrichten, in Scheiben geschnitten

1. Die Erdbeeren mit der flüssigen, noch warmen Margarine, Vanille, Likör und Zucker zu einer feinen Creme pürieren.

1. Zwei Gläser mit je einem Keks bestücken und mit der Hälfte des Espressos oder des Likörs tränken.

2. Die Hälfte der Erdbeercreme darauf verteilen.

3. Einen weiteren Keks ins Glas schichten und wieder mit Kaffee tränken.

4. Zum Schluss die restliche Erdbeercreme darauf geben und mit den in Scheiben geschnittenen Erdbeeren garnieren.

5. Mindestens 90 Minuten im Kühlschrank fest werden lassen.

6. Mit Minze oder Basilikum anrichten.

TIPP: Falls die Kekse zu klein sind oder nicht ins Glas passen, diese einfach etwas zerbröseln. Sehr lecker auch mit diesen kleinen, runden cremegefüllten Schokokeksen mit den vier Buchstaben.

KAKI-RAVIOLI MIT PAPAYA UND KOKOSNUSS-JOGHURT

DIE RAVIOLI:

4 EL Walnüsse
2 EL Pistazien
2 Datteln

1 Kaki (nicht zu reif, mit Schale)

DER JOGHURT:

4 Erdbeeren
ca. 80g reife Papaya
1 kleiner Becher Kokosnuss-Joghurt (Bio-Laden)
2 EL Schoko-Knuspermüsli
ein paar schöne Minzblätter

1. Nüsse und Datteln im Blitzhacker zerkleinern, bis eine homogene Masse entsteht.

2. Mit einem scharfen Messer von der Kaki zehn sehr dünne Scheiben herunter schneiden. (Am besten mit der Brotschneidemaschine.)

3. Die Nussfüllung mittig auf fünf Scheiben verteilen.

4. Jeweils mit einer zweiten Scheibe bedecken und die Ränder vorsichtig andrücken.

1. Erdbeeren und Papaya in Scheiben schneiden.

2. Mit den Ravioli auf zwei Tellern anrichten.

3. Kokosnuss-Joghurt darüber klecksen und mit Knuspermüsli und Minzblättchen bestreuen.

REGISTER

A

B

C

D

E

F

G

H

K

L

M

O

P

R

S

T

V

W

Z

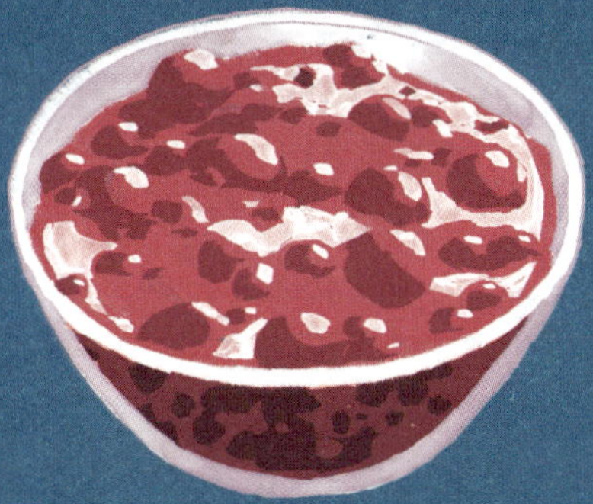

EIN DICKES DANKESCHÖN

Unser Dank gebührt einmal mehr unseren lieben Lesern, die uns dazu motiviert haben noch ein drittes Buch anzupacken!
Danke für all das Feedback, das wir von euch bekommen haben! Es hat uns geholfen, noch mehr auf eure Wünsche und Bedürfnisse eingehen zu können und ein noch besseres Buch als die Vorgänger zu schaffen ♥

Danke auch wieder einmal an unser tolles Team vom Lucky Leek, das sich mittlerweile glücklicherweise daran gewöhnt hat, dass immer mal wieder jemand mit der Kamera zwischen ihnen herumflitzt und Fotos schießt. Ihr macht einen tollen Job und wir sind dankbar, mit euch zu arbeiten!

Unseren Familien für den Rückhalt danken wir ebenso wie unseren Freunden, unserem Verlag, sowie allen, die an uns, unsere Idee und unsere Träume glauben und uns begleiten!

Vielen Dank an euch alle!

Josita und Sebastian

NOTIZEN

NOTIZEN

NOTIZEN

NOTIZEN

NOTIZEN

IMPRESSUM

Erschienen im NeunZehn Verlag
Ein Imprint der
Adrian & Wimmelbuchverlag GmbH
Friedrichstraße 126
10117 Berlin

www.neunzehn-verlag.de

2. Auflage 2021
ISBN: 978-3-942491-86-0
Printed 2021 in EU

Texte und Rezepte: Josita Hartanto, www.lucky-leek.com
Fotografie: Sebastian Happe-Hartanto
Illustration: Julia Beutling, www.juliabeutling.de
Satz: Julia Groier-Bleiweis, www.graphicjulez.at
Lektorat: Anne-Marie Schikowsky

FSC www.fsc.org
MIX
Papier aus verantwortungsvollen Quellen
FSC® C020353